人文武术精品书系

勿使前辈之遗珍失于我手
勿使国术之精神止于我身

李剑秋

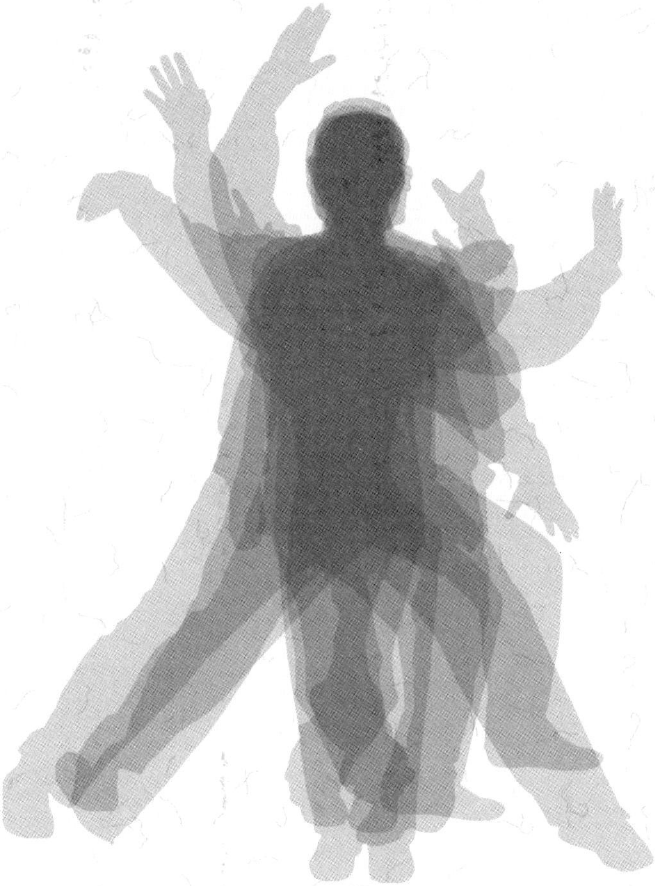

形意拳术

武学名家典籍丛书

李剑秋形意拳术

李剑秋·著
王银辉·校注

北京科学技术出版社

李剑秋（1881—1956年），河北束鹿县（今河北省辛集市）人，近代形意拳教育家，曾经执教于清华大学几十年，与著名体育教育家马约翰齐名，是近代将形意拳术传入大学的先驱者。先生的叔祖李文豹、父亲李云山都是清末形意拳大师李存义、周明泰的徒弟，先生的形意拳得自家传。

李剑秋先生于民国八年（1919年）出版的《形意拳术》，介绍了形意拳术的源流、意义、特点、特长、效果，对五行拳、进退连环拳进行了讲解。尤为珍贵的是，本书全文附录了济源郑濂浦先生从原作杰先生处抄录的武穆拳谱，即《岳武穆形意拳术要论》。1922年，民国『交际博士』黄警顽在黄方刚赴美之际，集资又印行三千册，此版对1919年版进行了修订，并增33幅拳照。这些拳照在别处难得一见，相当珍贵。

形意拳術

感谢王占伟先生、涂荣康先生提供收藏版本

出版人语

武术作为中华民族文化的重要载体，集合了传统文化中哲学、天文、地理、兵法、中医、经络、心理等学科精髓，它对人与自然和谐共生关系的独到阐释，它的技击方法和养生理念，在中华浩如烟海的文化典籍中独放异彩。

随着学术界对中华武学的日益重视，北京科学技术出版社应国内外研究者对武学典籍的迫切需求，于2015年决策组建了“人文·武术图书事业部”，而该部成立伊始的主要任务之一，就是编纂出版“武学名家典籍”系列丛书。

入选本套丛书的作者，基本界定为民国以降的武术技击家、武术理论家及武术活动家，而之所以会有这个界定，是因为民国时期的武术，在中国武术的发展史上占据着重要的位置。这个时期，中、西文化日渐交流与融合，传统武术从形式到内容，从理论到实践，都发生了巨大的变化，这种变化，深刻干预了近现代中国武术的走向。

这一时期，在各自领域“独成一家”的许多武术人，之所以被称为“名人”，是因为他们的武学思想及实践，对当时及现世武术的影响深远，甚至成为近一百年来武学研究者辨识方向的坐标。这些人的“名”，名在有武术的真才实学，名在对后世武术传承永不磨灭的贡献。他们的各种武学著作堪称“名著”，是中华传统武学文化极其珍贵的经典史料，具有很高的文物价值、史料价值和学术价值。

目前，“武学名家典籍”丛书，已出版了著名杨式太极拳家杨澄甫先生的《太极拳使用法》《太极拳体用全书》，一代武学大家孙禄堂先生的《形意拳学》《八卦拳学》《太极拳学》《八卦剑学》《拳意述真》，武学教育家陈微明先生的《太极拳术》《太极剑》《太极答问》，形意拳家薛颠先生的《形意拳术讲义（上下编）》《象形拳法真诠》《灵空禅师点穴秘诀》。李剑秋是近代将形意拳术传入大学的先驱者，曾执教于清华大学。他于民国八年（1919年）出版了《形意拳术》一书，系统介绍形意拳术，并附武穆拳谱。1922年，黄警顽在黄方刚赴美之际，集资又印行三千册（书中命名为1922年版），此版对1919年版进行了修订，并增33幅拳照。本书将两个版本合订为一，以飨读者。

这些名著及其作者，在当时那个年代已具有广泛的影响力，而时隔近百年之后，它们对于现阶段的拳学研究依然具有指导作用，依然被武术研究者、爱好者奉为宗师，奉为经典。对其多方位、多层面地系统研究，是我们今天深入认识传统武学价值，更好地继承、发展、弘扬民族文化的一项重要内容。

本丛书由国内外著名专家或原书作者的后人以规范的要求对原文进行点校、注释和导读，梳理过程中尊重大师原作，力求经得起广大读者的推敲和时间的考验，再现经典。

“武学名家典籍”丛书，将是一个展现名家、研究名家的平台，我们希望，随着本丛书第一辑、第二辑、第三辑……的陆续出版，中国近现代武术的整体风貌，会逐渐展现在每一位读者的面前；我们更希望，每一位读者，把您心仪的武术家推荐给我们，把您知道的武学典籍介绍给我们，把您研读诠释这些武术家及其武学典籍的心得体会告诉我们。我们相信，“武学名家典籍”丛书这个平台，在广大武学爱好者、研究者和我们这些出版人的共同努力下，会越办越好。

导读

李剑秋（1881—1956 年），河北束鹿县（今河北省辛集市)人，近代形意拳教育家，曾经执教于清华大学几十年，与著名体育教育家马约翰齐名，是近代将形意拳术传入大学的先驱者。先生的叔祖李文豹、父亲李云山都是清末形意拳大师李存义、周明泰的徒弟。先生的形意拳得自家传。

李剑秋先生于民国八年（1919 年）出版的《形意拳术》一书，介绍了形意拳术的源流、意义、特点、特长和效果，对五行拳、进退连环拳进行了讲解，是武术练习者和研究者的重要参考资料。尤为珍贵的是，本书全文附录了济源郑濂浦先生于民国四年（1915 年）夏天从济源原作杰先生处抄录的武穆拳谱，即《岳武穆形意拳术要论》，其中包括“要论”九篇（含“心意要诀”）、“交手法”一篇。这是历史上该珍贵文献首次对社会公开。

这次应北京科学技术出版社王跃平编辑之约，对该书进行点校、注释，业已完成，兹说明如下：

一、原著出版发行的那个时代，还没有成熟的标点符号体系，该书的标点基本上采用一逗到底的方法，且断句多有混乱和失误之处。这次对全书所有文字进行了严格、细致的点断，并根据句意、文意及各句、各部分之间的逻辑关系，加上恰当的标点符号。尤其是《岳武穆形意拳术要论》，除了严格的标点，还根据文中的意群，对“一要论”“五要论”“八要论”“九要论”“心意要诀”“交手法”等部分进行了细致的分段。

二、原著是用文言文写成的，这对于习惯了现代文阅读的读者而言，是一个很大的障碍。将文言文按照现代文来理解，就会曲解作者的原意，甚至闹出笑话。因此，这次对全书难解的字、词、句、篇进行了密度不一的注释，艰深的地方注释密度大一些，相对浅易的地方注释密度小一些。对于原著的用典及引用的古语，最大限度地将其出处、原意和本书用意呈献给读者。

三、书中附录的《岳武穆形意拳术要论》，是极其珍贵的武学文献，也是我们民族的珍贵文化遗产之一。该文立意深邃，立论精辟，论述全面、周到、严谨、细致，涉及武术练习与实战中生理、心理、哲理的方方面面，高度概括和深刻揭示了武学的客观规律。其行文瑰玮雄畅，气势磅礴，语言优美，富于音乐性、节奏感，同时也是一部伟大的文学作品。这一重要文献，对于武术爱好者和研究者来说，具有巨大的理论价值和实用价值。然而，要真正读懂它，是有很大困难的，原因来自于文的、武的等多个方面。这次校注，不回避疑点、难点，紧扣原文，深挖字、词含义，补齐省略成分，进行逻辑梳理，参照相关文献，做了逐句解释。这是一个巨大的挑战，还望各位学者、专家提出宝贵意见，以便不断改进。

四、原著有一些文字上的失误，如“黄警顽”写成了“黄警顾”，“椎鲁不文”写成了“推鲁不文”，“尝”写成了“常”等等，都予以指出并进行了订正。

五、在李剑秋《形意拳术》1919 年版校注完成后，北京科学技术出版社又发现了 1922 年版的李剑秋《形意拳术》。这一版本是涂荣康先生珍藏并提供的，对 1919 年版进行了较大幅度的充实和改进，十分珍贵，真是诚心感动天地，我们读者也都跟着有福了。

1. 这一版本对 1919 年版的文字失误进行了检查改正，基本上与校注者的订正一致。还有个别有价值的改正（进），校注者已在 1919 年版注释中做了补充。

2. 这一版补上了五行拳和五行进退连环拳的详细动作说明，还有拳照 33 幅（包括重复使用的）。除了这些动作说明的价值以外，这一组拳照在别处难得一见，相当珍贵。1926 年，马约翰在美国春田大学学习期间发表的硕士论文《体育的迁移价值》的副论文《中国拳术入门》，其中所用的李剑秋拳照应该就是本书中的这一组。

这一组拳照，示范准确，动作纯净，身形干练，毫无俗气，使我们得见又一位民国形意拳大师的风采。

3. 根据新补充的动作说明，我们可以知道，作者将劈拳分为“劈拳拳式”与“劈拳掌式”两步，以此概念重读“第七章　形意拳术之特长处”，使我们对劈拳在实战时攻守合一的论述理解得更加清楚，这次在新版中增加了相应的注释。

4. 劈拳的垫步和跟步，作者都称为“垫步”。因为这个原因，

1922年版在排版时似有一段文字错置，这次在注释中进行了详细的说明和订正，将劈拳的动作说明完全理顺了。

5. 这次两个版本合在一起出版，使我们对它们的关系看得很清楚。根据新版的“黄警顽序”，可知黄警顽先生是该书得以出版发行的最大功臣，不愧是乐于助人的“交际博士”。我们这次查了很多资料，主要根据其中的第一手资料，对书中“黄警顽”这一条，给出了上千字的注释，对黄警顽先生的一生事迹进行了可靠的梳理，也算是替作者和读者对黄警顽先生表示感谢吧。

6. 1919年版已有的注释，原则上1922年版不再重复，所以1922年版主要是对新增加的文字、照片进行注释，少量补充1919年版遗漏的注释，并根据新版文字，在旧版中进行个别订正。

以上将李剑秋《形意拳术》一书的标点、校订和注释工作进行了简单的介绍，但愿校注者的努力能为读者朋友扫除阅读和理解的障碍，让大家都能顺利地享受前人给我们留下的文化遗产，让前人的武学著作更顺利地走进习武者和武学研究者的生活。

校注者　王银辉

序

余因少年时患慢性肾炎，体弱多病，多方求医未见好转。经友人介绍习练形意拳，身体日渐好转，后正式拜入王芗斋老先生门下弟子五虎将之首张长信老师门下。余长年陪伴老师，侍奉老师左右，得老师口授心传，渐悟郭云深太师爷所说的“大动不如小动，小动不如不动，不动之动乃生生不已之动”的拳术真意。

太师爷郭云深所云：形意拳术之道，练之极易，亦极难。易者，是拳术之形式至易至简而不繁乱。其拳术之始终，动作运用，皆人之所不虑而知、不学而能者也。周身动作运用，亦皆平常之理。惟人之未学时，手足动作运用无有规矩而不能整齐，所教授者，不过将人之不虑而知、不学而能、平常所运用之形式入于规矩之中，四肢动作而不散乱者也。果练之有恒而不间断，可以至于至善矣。若到至善处，诸形之运用，无不合道矣。以他人观之，有一动一静、一言一默之运用，奥妙不测之神气。然而自己并不知其善于拳术也。因动作运用皆是平常之道理，无强人之所难，所以拳术练之极易也。

中庸云："人莫不饮食也，鲜能知味也。"难者，是练者厌其拳之形式简单而不良于观，以致半途而废者有之，或是练者恶其道理平常而无有奇妙之法则，自己专好刚劲之气，身外又务奇异之形，故终身练之而不能得着形意拳术中和之道也。因此好高骛远，看理偏僻，所以拳术之道理，得之甚难。中庸云："道不远人，人之为道而远人"，即此意义也。

我从小即在上海中华武术会长大，常年浸淫其中，渊源颇深。上海中华武术会建于1919年2月2日，由著名体育家吴志青发起，宗旨为"发达国民之本能，表彰国人之特色"。孙中山先生曾为中华武术会会所题署"尚武楼"并赠匾一方。20世纪80年代中华武术会恢复活动，因担心"武术会无硬手"，恐有人寻衅，故邀我入会任教。其时，我于会中得到一本中华武术会在1922年出版发行的李剑秋《形意拳术》，并珍藏多年。今值北京科学技术出版社出版李剑秋先生著作，特将此本供为影印，请读者参考。

涂荣康　口述

弟子　林骏　整理

形意拳術

1919年

發刊形意拳初步宣言

人生最可惜最痛苦的莫過于身體柔弱精神萎靡，而最幸福的莫過于身體健全，而健全身體之法，有動靜二種，或專從事于筋肉之發達，或專為精神上之修養，如靜坐法，可謂靜功之一種，而各種器械體操及中國之棍劍石鎖雙石杠子等運動則均屬動的，然二者均有流弊，常有因靜坐妄思，而得精神病，因運動過度，而致減少聰明者，皆因不明體育原理之故也。近時代東西各文明國，均注重體育，已視為一種科學，體育家研究結果，均為精神與肉體應同時鍛煉，所為平均發育，身心合一修養人格等主張是也，新創制柔軟體操，即諸此理，但其體育之理論固是，而其術尚未盡善，頑軀孱弱多病，友人勸習拳，不久而漸覺轉健，如是恍然以中國之拳術，精神體魄，同時鍛煉，實合于體育原理，聚以好勇武者，多推魯不文，不能研究奧理，以道后學，而文人又不肯學習，愁焉憂之，乃于民國五年，與體育同學吳志青，創立武術會，號召四方同志，晨夕研究，聲譽日隆，又經全國教育會議决，請教部將吾國固有武術，實行加入學校正科，并立國技專修學校，廣造武士，初則在北四川路，宜樂里，租屋數楹，來學者亦甚寥落，今則購地自建新屋，會員數千人，日習不懈，平日又派教師至男女各中小學校實施傳授，即纏足年老女者，習之稍久亦無困難，由此可知武術施于學校之有利無弊，而身體之健康，尤有特殊之效益也，設會之始，同人早知形意拳優點，南方無人提倡，深為惜之，特函托奉天拳家陳子正先生，物色教師二位慨然允許介紹劉歧祥陳金閣，當時又在商務印書館俱樂部，發起國技研究會，一時加入晨習者數十人，五年以來幸無流弊，而綿薄之力，終不能使之發展，甚自愧也，今與會內外同志立願，以強一身者強吾同胞，強同胞者強吾國家，古人雲：窮則獨善其身，達則甫善天下，予謂人生如欲保守率真天性，淡泊態度，當不取功名利祿，掌生殺之權，擅作威福，以自悅者，則必學崇尚俠德之風，普度衆生，方不虛度一世，吾將以此册風行宇內，而以武術同聲之求，束鹿李劍秋先生，世傳妙術，常應清華學校之请任教授，对形意拳術頗有心得，特聯合宣言，原與好武之士共勉。

上海國術研究會：

李劍秋

黃方剛　代表全體會員聯合宣言

吳志青

黃警顧

形意拳術敘一

我國拳術傳之最古，自重文輕武之習俗成，而士夫置之不講，致習者多推魯無文之人，不能有所發揮，遂使固有國粹，日久湮沒，良可痛惜，近數十年，經學校之提倡，喚起國人研究之心，始則隨意練習，繼而采入正科，南北兩派分道并馳，各就所師，以相授受，間有著書立説者，法門務求其廣，形式務求其繁，未能從基本下手，欲學者之獲益，難矣，夫失肢體之動作，苟不與精神并運，則流于器械作用，貌合神離，以之飾觀瞻則可，以言實用則未也，今之拳術，求所謂肢體動作與精神并運者，其莫如形意拳乎，相傳此法創自岳武穆，流傳于大河南北，其法在以意使形，聚氣于小腹，一動一作，形與意無不聯絡，且練習時又無騰躍跌打之姿勢，但求實用，不尚觀瞻，學者不感困難，然及其習至深奧，則非其他各種拳術所可及且得以却病延年，通乎妙道，實合內功外功而一之，宜乎風行于各學校也，東鹿李君劍秋精此術，教授于清華學校既有年，就經驗所得編成此册，黃生方剛請序于余，余門外漢也，未便重違其請，爰述數語以遺之。

民國八年十一月蔣維喬敘于京師之宜園。

形意拳術敍二

人民體質强弱，關乎國家之盛衰，西人以體育為三大要素之一，國人莫不講求，是以舉國體育，無不强者，我國奥古以來，崇尚文風，不事武備，武術一道，久弃弗用，以致人民體質日羸，思之良好浩嘆，王君俊臣，張君遠齋，李君劍秋，均為形意中之巨擘，怵國粹之沉淪，憫體育之不振，屢思提倡形意拳術者久矣，今李君將以數十年經驗所得之奥秘，更悉心研究，集句成書，欲使武術發展，普及全國，庶養成人民勇武之體魄，革除文弱之頹風，得與列强相頡頏，苦心孤詣，欽佩實深，敝人等則身戎行，每于白刃相交，柔弱者輒為強健者所刺傷，即曠日持久，使壯人率能忍勞耐苦，終獲勝利，斯實體質強弱利害之明證，今劍秋君具此苦心，拯救柔弱，功德誠無涯量，書成，囑序于余，余捘葦披覽，覺語語入微言言中肯，觀畢，竟有按劍起舞之概，洵近世體育書中杰作也，爰濡筆而為之序焉。

時在巳未孟冬保楊李海泉同序

安平張雪岩。

自序

形意拳術，傳自北魏達摩禪師，至宋岳武穆王得其傳，常以槍與拳合立之一法，以教將佐，名曰形意，形意之名自此始，歷金元明數代，此術之傳不可考，至明末清初，蒲東諸馮人有姬公際可字隆風者，訪名師于終南山，得武穆王拳譜，以授曹繼武先生，曹以授姬壽先生，姬先生序武穆拳譜而行之于世，即今通行之形意拳譜也，同時洛陽有馬學禮者，亦得其傳。咸豐年間祁縣戴龍邦與其弟陵邦俱習藝于馬公家，盡得其術，名震山右，同治末，深州李洛能先生游晉，聞戴名訪之，好其術學之九年而技成，及東歸，設學授徒，從其游者頗衆，直隸之有形意拳術，自李先生始，先生既歿，繼其傳者，博陵劉奇蘭先生外，郭雲深，車永鴻，宋世榮，白西園等先生，皆得形意之要，劉奇蘭先生傳諸其子錦堂、殿琛、榮堂，三先生，及其弟子李存義，周明泰，張占魁，趙振標，耿繼善，諸先生。郭雲深先生傳諸劉勇奇，李魁元諸先生。李存義先生傳諸尚雲祥，郝恩光，諸先生，及其子彬堂先生，張占魁先生傳諸韓慕俠，王俊臣，劉錦卿，劉潮海，李存副諸先生，及其子遠齋先生，李魁元先生傳諸孫祿堂諸先生，余叔祖文豹，父雲山，皆從學于李存義周明泰二先生，余因得家傳，回念幼時多病，中外醫士俱無術為治，遂專習形意拳術，不特病愈，且增健焉，形意之為大用誠無疑也，屢思公諸大家，民國元年，劉殿琛，李存義，張占魁，韓慕俠，王俊臣諸先生先后發起武士會于天津，及倡尚武學社于北京，其后孫祿堂先生又有形意拳學之著，余猶以為此術之發達，僅偏于北部，而孫先生所著，流傳亦未為甚廣，因不揣謭陋，而勉為是書焉。

民國八年十二月十九日東鹿李劍秋序

形意拳術初步凡例

一、形意拳術本有五行拳十二形拳及各種套拳，如連環拳，雜式捶，及對拳，如五行生克拳，安身炮，茲但述五行拳連環拳，良以五行拳為一切形意拳之根本，余皆自五行拳變化而出，昔郭雲深先生專習形意，善以崩拳擊人，彼意謂普通拳術之所以不如形意拳者，蓋華而鮮用耳，然按之創作時，豈不可用哉，而竟至不可用者，以始而簡捷，繼而增繁，終至失其本意耳，故惟恐形意拳術之繼趨漸華，而亦蹈此弊，不能使學者務其基本以自發其有，爰編之為此，其增以連環拳者，欲使學者于單習一種之暇，更作五種連合之操練，于此即可知拳術之為何變化耳，不列對拳者，以交手之時，既不可拘拘于一定之對法，且其對法亦不易筆述也，學者誠能于五行拳稍有根基之后，結伴互相操練手法，種種妙法可自得之，本不必籍乎書焉。

二、五行拳中，各拳理一貫而勢不同，勢不同，易為也，理既一貫，則初學時專習一種，習一年或半年后，對于此一種已有心得，然后偏習他種，則不數日而他種之勢皆得，同時理勢相合，雖數日之功，而實不減于一年半年習一種之功，何也？初習一種至一年半年之久者，非其勢之難，實會其理之難也，一種之理會，即他種之理會，故于他種但習其勢，使前已會得之理與后所習之勢相合耳，其功故較易也，此經濟之道，學者誠能專習一種，依此而行，獲益必多，最好先習劈拳，因每拳起首必作劈拳式，不先習劈拳，即無以習他拳。

三、本篇于正述之先，作數語為引言，總論及第一二兩章是也。

四、本篇第六章形意拳術之要點及其研究，其中但舉一二為例而研究之，其余未經筆述者甚多，希學者能于精省后，以科學研究方法一一發明之。

五、后附形意拳譜中之要論及交手法，中多要語，并有不可解之字句，蓋久而漸异乎原本也，學者不可不細體察之。

形意拳術目次

形意拳術

總論

夫拳術為用大矣，強健身體，防御外侮，其大綱也，實即為我國國粹，然我國人能之者絕少，在昔士子，多汲汲從事科舉之道，擷取功名，其余工藝之徒，商賈之輩，知識學問，更屬缺乏，以是強身之道，幾無有顧而問之者，區區拳術之傳，又何往普及哉，外人病夫之譏，良有以也，自列強武器之輸入，競以槍炮為利器，而拳術益替矣，然外人之僑居我國者，每觀我國拳術而不勝贊嘆驚訝焉，每有從而學之者，侈然以示其國人，衆咸奇之，以我國人所鄙夷而不屑學者，外人見之，而反願得其傳，說者謂此皆凡人好奇之心性使然，然拳術之未嘗無價值，即此已可見一斑矣，我國人欲定其價值者，當先知所取舍，知所研究，即得之矣。

第一章　拳術之功用

長跑、短跑、跳遠、跳高、跳欄、撐杆跳、擲鐵球、鐵餅、標槍、足球、籃球、網球、游泳、鐵杠、木馬，諸種運動，除游泳、足球、籃球外，用力之處皆有所偏，如跑跳，則下身用力大于上身，擲鐵球鐵餅，則臂與肩用力大于腿與足，若習此種運動，則其肌肉之發達，氣力之增加，必局于某部位，而他部若未經練習者也，必欲盡其類而皆習之以偏獲其益，則于時間既不經濟，而此種運動器具與地場，則學校内亦未必完備若在它處，則更難于遂願。若習拳則必全身齊力，凝神集氣，目欲其明捷，肢欲其活潑，頸欲其靈旋，腹欲其堅實，體既如是，而精神團結，意志果決，剛毅之氣，忍耐之力，于是乎生矣，且不變無所擇，不待于廣，徒手而操，不待于器，其利便為何如哉，論其應用，不特保護一身，更可保護他人，扶弱抑強，俠義之風，即于此基之，習拳術之利益，非較習各種運動而有特別優點乎。

第二章　形意拳術之功用

拳術之功用，既于前章言之矣，形意拳術功用亦不外是，形意拳術者，應用既勝于普通諸拳術，而習之尤利便，無論男女老少苟志于是，則皆無所困難也，何以知之？曰無騰躍，無打滚，但求實用，不求可觀以是知其無難也，若習之而達于深奥，則雖力勝于己者，亦不難擊之于丈外，制敵之命，易如反掌焉，顧形意之效用，不盡在是，尤能使精神充足，做事敏捷，前者可却病延年，后者可有為于世，此即其功用之最大者也。

第三章　形意拳術之基本五行拳

五行拳者，劈拳、崩拳、攢拳、炮拳、橫拳也，分五節以演之。

第一節　劈　拳

拳名劈者，以其掌之下，如斧之劈也，練時眼看平，或看前手，頭向上頂，胸任開展，小腹鼓氣，臀向前挺，兩膝稍屈，而兩胯相夾甚緊，足隨手前推前進，其前進之形如箭，蓋其進也直而速，及其著地，則如箭之中物，足趾緊扣住地，固而不易拔矣，步之大小，隨身之長短，前腿雖有前進意，而亦含后扣意，在后之腿雖屹立不前，而頗有前催意，前后相夾，不亦穩乎，其余各部，其用力始終依前所雲，收回手時，收法在用力拳屈各指如拉重物然，收至心口，掌復變為拳矣，于是更自心口發，出須留意者，凡后拉而變掌為拳時，其掌皆含有下壓之力，凡拳前伸時，皆含有上挑之力，其故維何？蓋以其掌在前所止之處，較心口稍高也，進大步時后足即上墊，使兩足距離有定，以免不穩之患，劈拳中凡隨拳而出之步，皆屬墊步，在劈拳內手足皆相隨而為一者也。余從略。

第二節　崩　拳

崩之為義山垮也，山之垮其勢必甚猛，而此拳之性似之，故名，須注意者，右肘終須里裹，與劈拳同，庶幾肘穴向上，微見下彎，則全肢不覺僵直矣，此中妙處久習自得（見第六章）足尖平直前射，右足竟可與左足根接觸，壯其勢也，同時身須直挺，頭上頂，切勿下垂，腿勢必微彎，以步過小。

第三節 攢拳

攢之為義聚也，此拳之動作有似手攢，故名，步法多與劈拳同從略。

第四節 炮拳

炮之取義與崩略同，謂其拳之作用似炮也，此拳系破敵從高擊下之拳也，蓋形意妙處，每發拳攻人，同時可自護，及人攻我而我自護時，我亦能即此攻人，故人每不及自御也，兩腿微彎，右腿有前催之力，而在前之左腿，則雖前向，亦頗含有穩立意，同時將全身之氣收聚于小腹，暗運于四肢，則其二臂之力本不多者，至此終須增加數倍矣，以其數倍其力，故雖壯夫，莫之能當也。

第五節　橫　拳

此拳用法，不直而橫，故名橫拳，練時肘要緊裹，后拳自前臂肘下發出，切記。

第四章　進退連環拳

進退連環拳者，連五拳而成者也，凡十一著：一、劈拳，二、崩拳，三、退步崩拳，四、順步崩拳，五、雙横拳，六、炮拳，七、退步劈拳，八、劈拳，九、攢拳，十、劈拳，十一、崩拳，十二、作崩拳轉身，轉后次序仍如前，至再作退步崩拳時止，即以退步崩拳收式。

第五章　形意玄義

形者式也，式在外人得而見之，意者志之所在也，意非形，人莫得而見之，意主手形，形不能自動，凡形之動，多意使之，雖心肺等無意而終不息其運動，然心肺實未嘗自動也，此近世生理學家所公認者，凡形之動，其機在筋肉，筋肉強壯，而意不銳敏，則力雖大而其動遲，筋肉既強壯而意又銳敏，庶乎善矣，雖然，猶未也，設令其驟遇強敵，倉卒之間，欲其處以常態，應以妙手，上難矣哉，是猶令未學之孩童，初試其手工也，鮮克心手相應，然久習形意拳者，則以不難為之矣，夫今之新教育家，每竭力提倡工藝，工藝之要，惟在心手相應耳，然則設有精通形意之術，以習工藝者，其習之也，當較易矣，由是觀之，形意之功用，豈僅限于強身自衛哉，抑又有進于是者，聚氣于胸，則喘而不久，聚氣于小腹，則久而不竭呼吸，漸積漸充，而此氣浩然，更可以意導之，若當拳擊出時，則導之于拳，是不啻以全身之力，運而聚于拳之一點，其勢之猛，寧可當耶，若偶犯不適，則導氣于病處，血來貫注，其中白血輪，實能殺微生物而去其病，且剛直之氣，充塞兩間，精明強干，神色粲然，孟子所言豈欺吾哉，必如此，始可以膺重任其為社會，為一己，謀事均無遺憾矣，今但舉其大概如此，若夫神而明之，尤在于善悟者。

第六章　形意拳術之要點及其研究

形意拳術之要點凡四

一、閉口，舌舐上腭，津生則咽下，閉口者，所以保氣之不外泄，而防空氣中之穢物入口也，不但習拳時宜如此，凡不用口時皆宜如此，舌舐上腭者，所以生津液，使口不干燥也，津生下咽，則更使喉間亦滋潤也。

二、裹肘，垂肩，鼓腹，展胸，裹肘則臂必彎曲，微彎則肩之力可由此而運至于手，此一要點，凡形意門中拳數皆不能脫離于此，試論劈拳，必如此而全身之力始能運五指之端，故人每以為五指力弱，安能擊人而僕之于丈外，而不知五指之力果弱，今得全身之力皆聚于此，則亦何難為哉，若不裹肘，則臂僵，僵則力止于臂而不能外發，學者盍一一試之，即可知矣，垂肩者使氣不浮，而下聚于小腹也，若不垂肩，其能久持者幾希矣，鼓腹者，聚氣于小腹也，人身有二大藏氣處，一為肺，一為臍下小腹，藏氣于肺，則不久必放，呼吸使之然也，今藏氣于小腹，則肺之呼吸既不能引之外泄，而積氣于此，亦無礙于呼吸，如是氣當舒足，必能持久，不然，甫交手而喘聲大作，面紅耳赤，心跳勃勃，脈張力竭，殆矣，展胸者，所以使積氣不礙呼吸也，每有欲聚氣于小腹，而強迫肺中之氣于小腹者，其迫之也，必抑胸使平，其結果必至于肺部不發達，而呼吸多阻礙，傷身最甚矣，故今雖鼓氣于小腹，而于肺則一任其自展，庶即可無害矣。

三、兩腿相夾足趾抓地，兩腿相夾者，即所以免身之前后傾倒也，嘗見壯漢斗一較弱而活潑者，以壯漢之力而論，宜足以勝敵也，而每有戰敗者，用力偏也，蓋當其進步時，或全身前傾，毫無后持之力，故其敵得藉其力乘其勢以僕之，足趾抓地，即所以使身更穩故也。

四、目欲其明，欲其敏，更欲其與心手相應，交手之時，原全恃乎心手之作用，而據其最重要之地位者，目是也，目而不明不敏，不能與心手相應，而能勝人者，亦鮮矣，此理人皆知之，然用目于交手之時當若何，此則所宜研究者也。一、交手之時，高則視敵之目，以其之所視，必其手之所向也，二、中則視敵之心，以其手之出入必在心前也，三、下則視敵之足，以其足之所向，即其身之所在也。

第七章 形意拳術之特長處

形意拳術之較長于普通拳術者凡三端

一、身穩氣平，每見習普通拳術者，輾轉騰躍，時用足踢人，非不美觀也，非不可謂為一種運動也，然不足以交手，何也，我勞人逸，我危人安也，夫兩相交手時，兩足猶恐不能穩立，寧有暇分其一足以踢人乎，苟踢而不中，其敗也必矣，且二目瞿瞿靜觀敵之動以應可也，何為而騰躍以自勞乎，形意則無如此無益之舉動。

二、拳法簡捷，普通之拳術，其臂之動也，守為一着，攻為一着，若人攻我，則必先御之，而后得攻之，形意則不然，攻即守，守即攻，一着而備，二用，何以言之，曰試論劈拳之拳式，設人以左拳攻我心口，無論其拳之高低如何，我但進步向其右旁，以右劈作劈拳之拳式，架住其臂，是我已自防矣，同時我但如此前進，我臂即斜刺擦其臂而前，苟其手不敏，必中我拳矣，此守即攻之謂也，苟其手而敏，則必將我拳擦起，外推，然我于是即乘其擦推之勢而抽回我拳，同時將拳漸向下沉，沉后變拳為掌，驟成劈拳，前推其身，彼欲防備不及矣，何也，彼之擦而推也，必用大力，勢難一時收回，我則本藉其力，而急欲攻之者也，我但作一圓圈，而彼已中我拳矣，我一臂攻之，而使其不暇自防，更無暇攻我，是不啻攻即守矣，形意拳術不誠靈便乎，或曰崩拳甚直，恐無如此妙用，應之曰崩拳已有二用，苟敵攻我之拳而高也，則我拳自其拳下斜入，作上挑之力，當我拳斜入時，我身必進至敵之旁，則彼之拳我已躲過，我今在其拳下作上挑之力，同時又不慮前擊，則彼拳即欲下壓我拳，必已不及，好及，亦不能竟壓我拳，以我已預防也，而同時彼身已中我拳矣，苟敵攻我之拳而低也，則我拳自其拳上斜擊，作下壓之力，彼拳被我壓下，則其臂之長，不能及我身，而我拳自彼拳上擦過，已中其身矣，孰謂崩拳無二用乎。

三、養氣壯志，此長處惟作內功者始能得之，形意則內外功兼有之，廣如第五章所說。

附岳武穆形意拳術要論

民國四年夏，余南歸，過吾鄉原公作杰家，取其所藏武穆拳譜讀之，中有要論九篇，交手法一篇，雖字句間不無差誤，然其行文瑰瑋雄暢，洵為武穆之作，而論理精透，尤非武穆不能道，余曰此形意舊譜也，得此靈光，形意武術，其將日久而彌彰乎，急錄之，攜入京師，公諸同好天下習武之士，與凡素慕武穆其人者，其守此勿失也可，濟源后學，鄭濂浦謹識。

第一章

一、要論

從來散之必有其統也，分之必有其合也，以故天壤間四面八方，紛紛者各有所屬，千頭萬緒，攘攘者自有其源，蓋一本散為萬殊，而萬殊成歸于一本，事有必然者，且武事之論，亦甚繁矣，而要之千變萬化，無往非勢，即無往非氣，勢雖不類，而氣歸于一，夫所謂一者，從上至足底，內而有藏腑筋骨，外而有肌肉皮膚五官之百骸，相聯而一貫也，破之而不開，撞之而不散，上欲動而下自隨之，下欲動而上自領之，上下動而中節攻之，中節動而上下和之，內外相連，前后相需，所謂一貫者，其斯之謂歟，而要非勉強以致之，襲為之也，當時而靜，寂然湛然，居其所而穩如山岳，當時而動，如雷如塌，出乎爾而疾如閃電，且靜無不靜，表里上下，全無參差牽挂之意，動無不動左右前后，并無抽扯游移之形，洵乎若水之就下，沛然而莫之能御，若火之內攻，發之而不及掩耳，不假思索，不煩疑義，誠不期然而然，莫之致而至，是豈無所自而云然乎，蓋氣以日積而有益，功以久練而始成，觀聖門一貫之傳，必俟多聞強識之后，豁然之境，不廢格物致知之功，是知事無難易，功惟自盡，不可躐等，不可急遂，按步就步，循次而進，夫而后官骸肢節，自有通貫，上下表里，不難聯絡，庶乎散者統之，分者合之，四體百骸，終歸于一氣而已矣。

第二章 二、要論

嘗有世之論捶者，而兼論氣者矣，夫氣主于一，可分為二，所謂二者，即呼吸也，呼吸即陰陽也，捶不能無動靜，氣不能無呼吸，吸則為陰，呼則為陽，主呼靜者為陰，主乎動者為陽，上升為陽，下降為陰，陽氣上升而為陽，陽氣下行而為陰，陰氣下行而為陰，陰氣上行而為陽，此陰陽之分也，何謂所清濁，升而上者為所清，降而下者為濁，清氣上升，濁氣下降，清者為陽，濁者為陰，而要之陽以滋陰，渾而言之，統為氣，分而言之為陰陽，氣不能無陰陽，即所謂人不能無動靜，鼻不能無呼吸，口不能無出入，此即對待循環不易之理也，然則氣分為二，而實在于一，有志于斯途者，慎勿以是為拘拘焉。

第三章

三、要論

夫氣本諸身，而身之節無定處，三節上中下也，以身言之，頭為上節，身為中節，腿為下節，以上節言之，天庭為上節，鼻為中節，海底為下節，以中節言之，胸為上節，腹為中節，丹田為下節，以下節言之，足為梢節，膝為中節，胯為根節，以肱言之，手為梢節，肘為中節，肩為根節，以手言之，指為梢節，掌為中節，掌根為根節，觀于是，而足不必論矣，然則自頂至足，莫不各有三節，要之，若無三節之分，即無着意之處，蓋上節不明，無依無宗，中節不明，渾身是空，下節不明，自家吃跌，顧可忽乎哉，至于氣之發動，要皆梢節動，中節隨，根節催之而已，然此猶是節節而分言之者也，若夫合言之，則上自頭頂，下至足底，四體百骸統為一節，夫何三節之有哉，又何三節中之各有三節云乎哉。

第四章

四、要論

試于論身論氣之外，而進論乎梢者焉，夫梢者身之余緒也，言身者初不及此，言氣者亦所罕論，捶以內而發外，氣由身而達梢，故氣之用不本諸身，則虛而不實，不形諸梢，則實而仍虛，梢亦焉可不講，然此特身之梢耳，而猶未及乎氣之梢也，四梢為何，發其一也，夫發之所系，不列于五行，無關于四體，似不足論矣，然發為血之梢，血為氣之海，縱不必本諸發以論氣，要不能離乎血而生氣，不離乎血，即得不兼及乎發，發欲沖冠，血梢足矣，抑舌為肉梢，而肉為氣囊，氣不能形諸肉之梢，即無以充其氣之量，故必舌欲催齒，而后肉梢足矣，至于骨梢者齒也，筋梢者指甲也，氣生于骨而聯于筋，不及乎齒，即未及乎筋之梢，而欲足手爾者，要非齒欲斷筋，甲欲透骨，不能也，果能如此則四梢足矣，四梢足面氣亦自足矣，豈復有虛而不實，實而仍虛者乎。

第五章　五、要論

今夫捶以言勢，勢以言氣，人得五臟以成形，即由五臟而生氣，五臟實為生性之源，生氣之本，而名為心、肝、脾、肺、腎是也，心為火，而有炎上之象，肝為木，而有曲直之形，脾為土，而有敦厚之勢，肺為金，而有縱革之能，腎為水，而有潤下之功，此乃五臟之義，而必準之于氣者，以其各有所配合焉，此所以論武事者，要不能離乎斯也，胸膈為肺經之位，而為諸臟之華蓋，故肺經動而諸臟不能靜，兩乳之中為心，而肺包護之，肺之下，胃之上，心經之位也，心為君火，動而相火無不奉合也，而兩肋之間，左為肝，右為脾，背脊十四骨節，皆為腎，此固五臟之位，然五臟之系，皆系于背脊，通于腎髓，故為腎，至于腰，則兩腎之本位，而為先天之第一，尤為諸臟之根源，故腐水足而金木水火土咸有生機，此乃五臟之位也，且五臟之存于內者，各有其定位，而具于身者，亦自有所專屬，領頂腦骨背腎是也，兩耳亦為腎，兩唇，兩腮皆脾也，兩發則為肺，天庭為六陽之首，而萃五臟之精華，實為頭面之主腦，不啻一身之座督矣，印堂者，陽明胃氣之衝，天庭性起，機由此達，生發之氣，由腎而達于六陽，實為天庭之樞機也，兩目皆為肝，而究之上包，為脾，下包為胃，大角為心經，小角為小腸，白則為肺，黑則為肝，瞳則為腎，實為五臟之精華所聚，而不得專謂之肝也，鼻孔為肺，兩頤為腎，耳門之前為膽經，耳后之高骨，亦腎也，鼻為中央之土，萬物資生之源，實中氣之主也，人中為血氣之會，上衝印堂，達于天庭，亦為至要之所，兩唇之下為承漿，承漿之下為地閣，上與天庭相應，亦腎經位也，領頂頸項者，五臟之道途氣血之總會，前為食氣出入之道，后為腎氣升降之途，肝氣由之而左旋，脾氣由之而右旋，其系更重，而為周身之要領，兩乳為肝，兩肩為肺，兩肘為腎，四肢為脾，兩肩背膊皆為脾，而十指則為心、肝、脾、肺、腎是也，膝與脛皆腎也，兩脚根為腎之要，涌泉為腎穴，大約身之所系，心者為心，窩者為肺，骨之露處皆為腎，筋之聯處皆為肝，肉之厚處皆為脾，象其意，心如猛虎，肝如箭，脾氣力大甚無窮，肝經之位最靈變，腎氣之動快如風，其為用也，用其經，舉凡身之所屬于某經者，終不能無意焉，是在當局者自為體認，而非筆墨所能為者也，至于生克制化，雖別有論，而究其要領，自有統會，五行百體，總為一元，四體三心合為一氣，奚必昭昭于某一經絡節節而為之哉。

第六章　六、要論

心與意合，意與氣合，氣與力合，內三合也，手與足合，肘與膝合，肩與胯合，外三合也，此為六合，左手與右足相合，左肘與右膝相合，左肩與右胯相合，右之與左以然，以及頭與手合，手與身合，身與步合，孰非外合，心與眼合，肝與筋合，脾與肉合，肺與身合，腎與骨合，孰非內合，豈但六合而已哉，然此特分而言之也，總之一運而無不動，一合而無不合，五形百骸，悉用其中矣。

第七章　七、要論

頭為六陽之首，而為周身之主，五官百骸，莫不惟此是賴，故頭不可不進也，手為先行，根基在膊，膊不進而手則却而不前矣，此所以膊貴于進也，氣聚中腕，機關在腰，腰不進，而氣則餒而不實矣，此所以腰貴于進也，意貫周身，運動在步，步不進而意則堂然無能為矣，此所以步必取其進也，以及上左必須進右，上右必須進左，其為七進，孰非所以著力之地歟，而要之未及其進，合周身而毫無關動之意，一言其進，統全體而俱無抽扯游移之形。

第八章　八、要論

身法維何，縱橫高低，進退反側而已，縱則放其勢，一往而不返，橫則裹其力，開拓而莫阻，高則揚其身，而身若有增長之勢，低則抑其身，而身若有攢捉之形，當進則進，殫其身而勇往直冲，當退則退，領其氣而回轉伏勢，至于反身顧后，后即前也，側顧左右，使左右無敢當我，而要非拘拘焉為之也，必先察人之強弱，運我之機關，有忽縱而忽橫，縱橫因勢而變遷，不可一概而推，有忽高而忽低，高低隨時以轉移，不可執格而論，時而宜進，故不可退而餒其氣，時而宜退，即當以退，而鼓其進，是進固進也，即退而亦實以賴其進，若返身顧后，顧其后而以不覺其為后，側顧左右，而左右以不覺其為左右矣，總之機關在眼，變通在心，而握其要者，則本諸身，身而前，則四體不令而行矣，身而却，則百骸莫不冥然而處矣，身法顧可置而不論乎。

第九章

九、要論

今夫五官百骸，主于動，而實運以步，步乃一身之根基，運動之樞紐也，以故應戰對敵，皆本諸身，而實所以為身之砥柱者，莫非步，隨機應變在于手，而所以為手之轉移者，以在步，進退反側，非步何以作鼓蕩之機抑揚伸縮，非步何以示變化之妙，所謂機關者在眼，變化者在心，而所以轉彎抹角，千變萬化，而不至于窘迫者，何莫非步為之司令歟，而要非勉強以致之也，動作出于無心，鼓舞出于不覺，身欲動而步以為之周旋，手將動而步以早為之催逼，不期然而然，莫之驅而驅，所謂上欲動而下自隨之者，其斯之謂歟，且步分前后，有定位者步也，然而無定位者以為步，如前步進焉，后步隨焉，前后自有定位，若以前步作后，后步作前，更以前步作后之前步，后步作前之后步，則前后以自然無定位矣，總之，拳以論勢，而握要者為步，活與不活，以在于步，靈與不靈，以在于步，步之為用大矣哉，捶名心意，心意者，意自心生，拳隨意發，總要知己知人，隨機應變，心氣一發，四肢皆動，足起有地，膝起有數，動轉有位，合膊望胯，三尖對照，心意氣內三相合，拳與足合，肘與膝合，肩與胯合，外三相合，手心足心本心三心一氣相合，遠不發手，捶打五尺以內，三尺以外，不論前后左右，一步一捶，發手以得人為準，以不見形為妙，發手快似風箭，響如雷崩，出沒遇象圈，如生鳥入群籠之狀，單敵似巨炮推薄壁之勢，骨節帶勢，踴躍直吞，未曾交手，一氣當先，既入其手，靈動為妙，見孔不打，見横打，見孔不立，見横立，上中下總氣把定，身足手規矩繩束，既不望空起，亦不望空落，精明靈巧，全在于活，能去能就，能柔能剛，能進能退，不動如山岳，難知如陽陰，無窮如天地，充實如太倉，浩渺如四海，炫曜如三光，察來勢之機會，揣敵人之短長，靜以待動有法，動以處靜，借法容易上法難，還是上法最為先，交勇者不可思誤，思誤者寸步難行，起如箭攢落如風，隈催烹絕手撲手，皆合暗迷中，由路如閃電，兩邊攛防左右，反背如虎搜山，斬捶勇猛不可當，斬梢迎面取中堂，搶上搶下勢如虎，好似鷹下雞場，翻江倒海不須忙，丹鳳朝陽才為強，雲背日月天地變，武藝相爭見短長，步路寸開把尺，劈面就去，上右腿，進左步此法前行，進人要進身，身手齊至是為真，發中有絕何從用，解明其意妙如神，鷂之鑽林麻著翅，鷹捉四平足存身，取勝四梢要聚齊，不勝必因合射心，計謀施運化，霹靂走精神，心毒稱上策，手眼方勝人，何謂閃，何謂進，進即閃，閃即進，不必遠求，何為打，何謂顧，顧即打，打即顧，發手便是，心如火藥，拳如子，靈機一動鳥難飛，身似弓弦手似箭，弦向鳥落見神奇，起手如閃電，閃電不及合眸，打人如迅雷，迅雷不及掩耳，五道本是五道關，無人把守自遮攔，左腮手過，右腮手去，右腮手過去，左腮手來，兩手束拳迎面出，五關之門關得嚴，拳從心內發，向鼻尖落，從足下起，足起快向心火作，五行金木水火土，火炎上而水就下，我有心肝脾肺腎，五行相推無錯誤。

第十章

十、交手法

占右進左，占左進右，發步時足根先著地，脚以十趾抓地，步要穩當，身要莊重，捶沉實而有骨力，去是撤手，著人成拳，用拳要卷緊，用把把有氣，上下氣要均停，出入以心為主宰，眼手足隨之去，不貪不歉，不即不離，肘落肘窩，手落手窩，右足當先，膊尖向前，此是換步，拳從心發，以身力催手，手以心把，心以手把，進人進步，一步一捶，一支動，百支俱隨，發中有絕，一握渾身皆握，一伸渾身皆伸，伸要伸得進，握要握得根，如卷炮，卷得緊，崩得有力，不拘提打，按打、烘打、旋打、斬打、冲打、鑙打、肘打、膊打、胯掌打、頭打、進步打、退步打、順步打、橫步打，以及前后左右上下百般打法，皆要一氣相隨，出手先占正門，此之謂巧，骨節要對，不對則無力，手把要靈，不靈則生變，發手要快，不快則遲誤，舉手要活，不活則不快，打手要跟，不跟則不濟，存心要毒，不毒則不準，脚手要活，不活則擔險，存心要精，不精則受愚，發作要鷹捉勇猛，外皮膽大，機要熟運，還勿畏懼遲疑，心小膽大，面善心惡，靜似書生，動如雷發，人之來勢，以當審察，脚踢頭歪，拳打膊體，窄身進步，仗身起發，斜行換步，攔打倒身，抬腿伸發，脚指東顧，須防西殺，上虛下必實著，跪敲指不勝屈，靈機自揣摩，手急打手慢，俗言即是其真的確，起望落，落望起，起落要相隨，身手齊到是為真，翦子股望眉斬，加上反背如虎搜山，三尺羅衣挂在無影樹上，起手如閃電，打下如迅雷，雨行風，鷹捉兔，鷂鑽林，鷄摸鵝，摸塌地，起手時，三心相對，不動如書生，動之如龍虎，遠不發手打，雙手雙心打，右來右迎，此為捷取，遠了便上手，近了便加肘，遠了便脚踢，近了便加膝，遠近宜知，拳打踢膀，頭歪把勢，審人能叫一思進，有意莫帶形，帶形必不贏，捷取人法，審顧地形，拳打上風，手要急，足要輕，把勢走動如貓行，心要正，目聚精，手足齊到定要贏，若是手到步不到，打人不得妙，手到步也到，打人如拔草，上打咽喉下打陰，左右兩肋在中心，前打一丈不為遠，近者只在一寸間，身動時如崩牆倒，脚落時如樹栽根，手起如炮直冲，身要如活蛇，擊首則尾應，擊尾則首應，擊中節而首尾皆相應，打前要顧后，知進須知退，心動快似馬，臂動速如風，操演時面前如有人，交手時有人如無人，起前手，后手緊催，起前脚，后脚緊跟，面前有手不見手，胸前有肘不見肘，如見空不打，見空不上，拳不打空起，亦不打空落，手起足要落，足落手要起，心要占先，意要勝人，身要攻人，步要過人，前腿似跏，后腿似鎮，首要仰起，胸要現起，腰要長起，丹田要運氣，自頂至足，要一氣相貫，膽戰心寒，必不能取勝，未能察言觀色者，必不能防人，必不能先動，先動為師，后動為弟，能叫一思進，莫教一思退，三節要停，三尖要照，四梢要齊，明了三心多一力，明了三節多一方，明了四梢多一精，明了五行多一氣，明了三節，不貪不歉，起落進退多變，三回九轉是一勢，總要一心為主宰，總乎五行，運乎二氣，時時操演，勿誤朝夕，盤打時而勉強，工用久而自然，誠哉是言，豈虛語哉。

按燕薊形意，傳自山右，而山右形意，傳自中州，是則形意拳譜之散見于大河南北者，亦勢使然也，惟是年久代遠，漫無統系，而筆墨傳抄，尤多訛錯，原家十篇，亦不足盡形意武術之全豹，然譜書全部既不可得，則此篇羽只鱗者，洵足寶已，余不敏，敢執此以為吾道賀。

東鹿　李劍秋

形意拳術

1919年

发刊《形意拳》初步宣言

人生最可惜、最痛苦的莫过于身体柔弱、精神萎靡，而最幸福的莫过于身体健全。而健全身体之法，有动、静二种，或专从事于筋肉[①]之发达，或专为精神上之修养。如静坐法，可谓静功之一种；而各种器械体操，及中国之棍、剑、石锁、双石杠子等运动则均属动的。然二者均有流弊。常有因静坐妄思而得精神病，因运动过度而减少聪明者，皆因不明体育原理之故也。近时代东西各文明国，均注重体育，已视为一种科学。体育家研究结果，均为精神与肉体应同时锻炼，所谓“平均发育”“身心合一”“修养人格”等主张是也。新创制柔软体操，即诸此理。但其体育之理论固是[②]，而其术尚未[③]尽善。

顽躯孱弱多病[④]，友人劝习拳，不久而渐觉转健。如是恍然以[⑤]中国之拳术，精神体魄同时锻炼，实合于体育原理。继以好勇武者，多推鲁不文，不能研究奥理以道后学；而文人又不肯学习，愁焉忧之。[⑥]乃于民国五年[⑦]，与体育同学吴志青[⑧]创立武术会[⑨]，号召四方同志。晨夕[⑩]研究，声誉日隆。又经全国教育会[⑪]议决，请教部[12]将吾国故有武术，实行加入学校正科[13]，并立国技[14]专修学校，广造武士。初则在北四川路宜乐里租屋数楹[15]，来学者亦甚寥落[16]。今则购地自建新屋，会员数千人，日习[17]不懈。平日又派教师至男女各中小学校实施传授，即[18]缠足年老女者，习之稍久，亦无困难。由此可知武术施于学校之有利无弊，而身体之健康，尤有特殊之效益也。

设会之始，同人早知形意拳优点，南方无人提倡，深为惜之。特函托[19]奉天[20]拳家陈子正先生物色教师二位，慨然允许介绍刘岐祥、陈金阁。当时，又在商务印书馆俱乐部，发起国技研究会[21]，一时加入晨习[22]者数十人。五年以来，幸无流弊，而绵薄之力，终不能使之发展，甚自愧也。今与会内外同志立愿：以强一身者强吾同胞，强同胞者强吾国家。[23]古人云，穷则独善其身，达则甫善天下。[24]予谓人生如欲保守率真天性，淡泊态度，当[25]不取功名利禄，掌[26]生杀之权，擅作威福[27]。以自悦者[28]，则必学崇尚侠德之风，普度众生，方不虚度一世！吾将以此册风行宇内[29]，而以武术同声之求[30]。

束鹿[31]李剑秋[32]先生，世传[33]妙术，常[34]应清华学校之请任教授，对形意拳术颇有心得，特联合宣言，愿与好武之士共勉。

上海国术研究会李剑秋、黄方刚、吴志青、黄警顾[35]代表全体会员联合宣言

注 释

① 筋肉：肌肉。

②固是：固然正确。固，固然。是，正确，与“非”相对。

③尚未：还没有。

④顽躯孱弱多病：（我现在）还算强健的身体曾经瘦弱多病。顽，顽健，这是说自己现在还强健的自谦之辞。孱弱，瘦弱。

⑤如是恍然以：由此猛然认识到。如是，如此。恍然，猛然领悟貌。以，以为，认为。

⑥继以好勇武者……愁焉忧之：继而又想到，好武之人，大多鲁钝没有文化，不能研究武术的奥理来启发诱导后学者；而有文化的人又不肯习练武术，因此愁苦忧闷。继以，继而觉得。推鲁，应为“椎（chuí）鲁”，鲁钝。道，通“导”。

⑦乃于民国五年：于是在民国五年。民国五年，1916 年。

⑧吴志青：1887—1951 年，安徽歙县昌溪人，我国近代著名武术、体育教育家，著有武术著作二十余种。

⑨武术会：即上海“中华武术会”。

⑩晨夕：早晚。

⑪全国教育会：即“全国教育会联合会”。1915 年 4 月，在天津举行的全国教育会联合会第一次会议，通过了北京体育研究社许禹生等提出的《拟请提倡中国旧有武术列为学校必修课》议案。

⑫教部：教育部。

⑬正科：正式学科，即“必修课”。1915 年，教育部明确指出“各学校应添授中国旧有武技，此项教员于各师范学校养成之。”1918 年 10 月 14 日至 11 月 2 日，在教育部召开的全国中学校长会议上通过决议：“全国中学一律添习武术。”

⑭国技：即武术。

⑮数楹：几间。

⑯亦甚寥落：也很冷清。寥落，冷落，寂寞，这里指学员稀少。

⑰日习：每日练习。

⑱即：即使（是），即便（是）。

⑲ 函托：致函请托。

⑳ 奉天：旧省名，治奉天府（今沈阳市）。

㉑ 国技研究会：即“中华国技研究会”。

㉒ 晨习：晨练。

㉓ 以强一身者……强吾国家：用能使（我）一人之身强健的（武术），使我的同胞都强健；用使我的同胞都强健的方法，使我的国家强盛。

㉔ 穷则独善其身，达则甫善天下：穷困时便独自修养好自身，得志时就要同时给天下人带来好处。甫，才。《孟子·尽心上》：“穷则独善其身，达则兼善天下。”

㉕ 当：应当。

㉖ 掌：掌握。

㉗ 擅作威福：擅自作威作福。擅，自作主张。作威，惩罚。作福，奖赏。《尚书·洪范》：“惟辟作福，惟辟作威（辟，君主）。”

㉘ 以自悦者：用来使自己愉悦的（事）。

㉙ 吾将以此册风行宇内：我们将要让这本书流行于全国。

㉚ 而以武术同声之求：而以求武术之同声。即用这本书作为媒介来寻求志同道合的人。《周易·乾》：“子曰：‘同声相应，同气相求。’”

㉛ 束鹿：旧县名，今河北辛集市。

㉜ 李剑秋：1881—1956 年，近代形意拳教育家，曾执教于清华大学几十年。

㉝ 世传：世代相传。

㉞ 常：当为“尝”，曾经。

㉟ 黄警顾：应为“黄警顽”（1894—1979 年），曾经长期在上海商务印书馆工作。

《形意拳术》叙一

我国拳术，传之最古。自重文轻武之习俗成，而士夫[①]置之不讲[②]，致习者多推鲁无文[③]之人，不能有所发挥，遂使固有国粹，日久淹没，良可痛惜！

近数十年，经学校之提倡，唤起国人研究之心。始则随意练习，继而采入正科。南北两派分道并驰，各就所师[④]，以相授受。间有著书立说者，法门务求其广，形式务求其繁，未能从基本下手，欲学者之获益难矣。夫肢体之动作，苟不与精神并运，则流于机械作用，貌合神离。以之饰观瞻则可，以言实用则未也。

今之拳术，求所谓肢体动作与精神并运者，其莫如形意拳乎！相传此法创自岳武穆，流传于大河南北。其法在以意使形，聚气于小腹，一动一作，形与意无不联络。且练习时又无腾跃跌打之姿势，但求实用，不尚观瞻，学者不感困难，然及其习至深奥，则非其它[⑤]各种拳术所可及。且得以却病延年，通乎妙道，实合内功、外功而一[⑥]之：宜乎风行于各学校也。

束鹿李君剑秋精此术，教授于清华学校既有年[⑦]，就经验所得编成此册，黄生方刚[⑧]请序于余。余门外汉也，未便重违其请[⑨]，爰[⑩]述数语以遗之[⑪]。

民国八年[⑫]十一月，蒋维乔[⑬]叙于京师之宜园

注 释

①士夫：士大夫，指有地位、有声望的读书人。

②不讲：不讲求，不讲习。

③推鲁无文：应为“椎（chuí）鲁无文”，鲁钝没有文化。

④各就所师：各自跟着自己的师父。

⑤其它：现写作“其他”。

⑥一：统一。

⑦既有年：已经有多年了。

⑧黄生方刚：黄姓学生方刚。

⑨重违其请：难于拒绝他的请求。重违，难违。重，以……为重，难。《汉书·孔光传》：“上重违大臣正议。”

⑩爰：乃，于是。

⑪遗之：赠给他。遗，音 wèi，赠予。

⑫民国八年：1919 年。

⑬蒋维乔：1873—1958 年，字竹庄，号因是子，江苏武进人。前清廪生，早年肄业于南菁书院。青年时在商务印书馆任编辑，1921 年任江苏省教育厅厅长。后任东南大学校长、光华大学教授。新中国成立后，任上海文史研究馆副馆长。著有《因是子静坐法》。另编有《中国近三百年哲学史》等。

《形意拳术》叙二

人民体质强弱，关乎国家之盛衰。西人以体育为三大要素之一，国人莫不讲求，是以举国体育无不强者。[①]我国奥古[②]以来，崇尚文风，不事武备。武术一道，久弃弗用[③]，以致人民体质日羸[④]，思之良好浩叹！

王君俊臣、张君远斋、李君剑秋均为形意中之巨擘[⑤]，怵国粹之沉沦，悯体育之不振，屡思提倡形意拳术者久矣。今李君将以数十年经验所得之奥秘，更悉心研究，集句成书，欲使武术发展普及全国，庶养成人民勇武之体魄，革除文弱之颓风，得与列强相颉颃[⑥]。苦心孤诣，钦佩实深！

敝人等则身戎行[⑦]，每于白刃相交，柔弱者辄为强健者所刺伤；即旷日持久，使壮人率能忍劳耐苦，终获胜利，斯实体质强弱利害之明证。[⑧]今剑秋君具此苦心，拯救柔弱，功德诚无涯量。书成，嘱序于余。余按章披览，觉语语入微、言言中肯，观毕，竟有按剑起舞之概[⑨]，洵[⑩]近世体育书中杰作也，爰濡[⑪]笔而为之序焉。

时在己未孟冬，保阳李海泉、安平张雪岩同序

注释

①西人以体育为……无不强者：西方人把体育作为德育、智育、体育三大要素之一，他们的国民无不修习研究体育，因此全国没有体育不强的人。是以，所以，因此。

②奥古：当指“上古”。

③弗用：不用。

④日羸：一天天羸弱。

⑤巨擘：大拇指。比喻杰出的人物。《孟子·滕文公下》：“于齐国之士，吾必以仲子（陈仲子）为巨擘焉。”擘，音 bò，拇指。

⑥颉颃：抗衡。

⑦则身戎行：当为“厕身戎行”，置身于军队之中。

⑧每于白刃相交……斯实体质强弱利害之明证：每每在白刃相交的搏斗中，柔弱的人总是被强健的人刺伤；就算遇上旷日持久的战斗，假使你是身体强壮的人，则通常能够忍劳耐苦，坚持到最后的胜利，这实在是体质强弱的利害关系的明证。即，即使，就算。使，假使（是）。斯实，这实在（是）。

⑨概：通“慨”，感慨。

⑩洵：诚然（是），实在（是）。

⑪濡：沾湿。

自序

形意拳术，传自北魏达摩禅师。至宋岳武穆王[①]得其传，常[②]以枪与拳合立之一法以教将佐，名曰形意，“形意”之名自此始。历金、元、明数代，此术之传不可考。至明末清初，蒲东诸冯人有姬公际可字隆风者，访名师于终南山，得武穆王拳谱，以授曹继武先生。曹以授姬寿先生。姬先生序武穆拳谱而行之于世，即今通行之《形意拳谱》也。[③]同时，洛阳有马学礼者亦得其传。[④]咸丰间，祁县戴龙邦与其弟陵邦俱习艺于马公家，尽得其术，名震山右。[⑤]同治末，深州李洛能先生游晋，[⑥]闻戴名，访之。好其术，学之九年而技成。及东归，设学授徒，从其游者颇众。直隶之有形意拳术，自李先生始。

先生既殁，继其传者，博陵刘奇兰先生外，郭云深、车永鸿、宋世荣、白西园等先生皆得形意之要[⑦]。刘奇兰先生传诸其子锦堂、殿琛、荣堂三先生及其弟子李存义、周明泰、张占魁、赵振标、耿继善诸先生；郭云深先生传诸刘勇奇、李魁元诸先生。李存义先生传诸尚云祥、郝恩光诸先生及其子彬堂先生；张占魁先生传诸韩慕侠、王俊臣、刘锦卿、刘潮海、李存副诸先生及其子远斋先生；李魁元先生传诸孙禄堂诸先生。余叔祖文豹、父云山皆从学于李存义、周明泰二先生，余因得家传。[8]

回念幼时多病，中外医士俱无术为治，遂专习形意拳术。不特[9]病愈，且增健焉，形意之为大用诚无疑也！屡思公诸[10]大家。民国元年，刘殿琛、李存义、张占魁、韩慕侠、王俊臣诸先生先后发起武士会[11]于天津及倡尚武学社[12]于北京。其后，孙禄堂先生又有《形意拳学》之著，余犹以为此术之发达仅偏于北部[13]，而孙先生所著，流传亦未为甚广，因不揣浅陋，而勉为是书[14]焉。

民国八年十二月十九日，束鹿李剑秋[15]序

注 释

①岳武穆王：即岳飞。

②常：应为“尝”，曾经。

③姬先生序……《形意拳谱》也：姬寿先生为岳武穆王拳谱作序而使之流行于世，这就是现在通行的《形意拳谱》。

按：《形意拳谱·六合拳论》：“姬寿云‘文武古今之圣传，俱是国家之大典；上有益于社稷，下能遮祸避凶，此身不可阙也。……’”据此知“六合拳论”是姬寿先生的作品。

④同时……亦得其传：同一时期，洛阳有一位叫马学礼的也得到了形意拳的传授。

⑤咸丰间……名震山右：咸丰年间，山西祁县的戴龙邦与他弟弟戴陵邦都在马学礼先生家学艺，完整地得到了这门拳术，名震山西。山右，山西省旧时的别称，因在太行山之右（西）而得名。

⑥ 同治末……先生游晋：同治末年，河北深州的李洛能先生游历到山西省。晋，山西省。

⑦ 要：要领，要诀。

⑧ 余叔祖文豹……余因得家传：我的叔祖李文豹、父亲李云山都是跟李存义、周明泰两位先生学的，我因此得到了家传。叔祖，父亲的叔父。

⑨ 不特：不只，不仅，不但。

⑩ 公诸：公之于，公开给。

⑪ 武士会：即天津"中华武士会"，1912 年成立。

⑫ 尚武学社：即北京"中华尚武学社"，1912 年成立。

⑬ 北部：北方。

⑭ 是书：这本书。

⑮ 李剑秋：李英杰（1881—1956 年），字剑秋，河北束鹿县人，幼习形意拳，他的叔祖李文豹、父亲李云山都是清末形意拳大师李存义、周明泰的徒弟，他的形意拳得自家传。曾任北京侦探队武术教员（1909—1912 年），北京尚武学社教员兼教务长（1912—1913 年）。1914 至 1956 年，执教于清华大学（1928 年前为清华学校），与著名体育教育家马约翰同事，是近代将形意拳术传入大学的先驱者。在清华执教期间，曾于 1918 至 1919 年，赴荆州"长江上游总司令部"（总司令吴光新）教授拳术及拼刺。1925 年，又赴南京中央军校教授国术近一年。抗日战争时期（1937—1945 年），他没有随校南迁。期间，1939 年 6—8 月，他曾去太行山天明关鹿钟麟处教太极拳两个月。1942—1945 年，他曾在艺文中学和师大女附中教武术。李剑秋先生一生教过的学生、徒弟很多，像黄方刚（黄炎培的长子）、冀朝鼎（冀朝铸的哥哥）、徐永煐（曾任中共中央《毛泽东选集》英译委员会主任）等都是他的徒弟。（按：以上主要根据黄延复《李剑秋与清华早期武术教学》编写）。

《形意拳术》初步凡例

一、形意拳术本有五行拳、十二形拳，及各种套拳，如连环拳、杂式捶，及对拳，如五行生克拳、安身炮，兹但述[①]五行拳、连环拳，良以[②]五行拳为一切形意拳之根本，余皆自五行拳变化而出[③]。昔郭云深先生专习形意，善以崩拳击人，彼意谓[④]普通拳术之所以不如形意拳者，盖华而鲜用[⑤]耳。然按之[⑥]创作时，岂不可用哉？而竟至不可用者，以始而简洁，继而增繁，终至失其本意耳！故唯恐形意拳术之继趋渐华，而亦蹈此弊，[⑦]不能使学者务其基本以自发其有[⑧]，爰编之为此。其增以连环拳者，欲使学者于单习一种之暇[⑨]，更作五种联合之操练，于此即可知拳术之为何变化耳。不列对拳者，以交手之时，既不可拘拘于一定之对法，且其对法亦不易笔述也。学者诚能于五行拳稍有根基之后，结伴互相操练手法，种种妙法可自得之，本不必籍乎[⑩]书焉。

二、五行拳中各拳，理一贯而势不同。势不同，易为也。理既一贯，则初学时专习一种，习一年或半年后，对于此一种已有心得，然后遍习他种，则不数日而他种之势皆得，同时，理势相合。虽数日之功，而实不减于一年、半年习一种之功，何也？初习一种至一年、半年之久者，非其势之难，实会[11]其理之难也。一种之理会，即他种之理会，故于他种但习其势，使前已会得之理[12]与后所习之势相合耳，其功故较易也，此经济之道。学者诚能专习一种，依此而行，获益必多。最好先习劈拳，因每拳起首必作劈拳势，不先习劈拳，即无以习他拳。

三、本篇于正述之先，作数语为引言，总论及第一、二两章是也。

四、本篇第六章“形意拳术之要点及其研究”，其中但举一二为例而研究之，其余未经笔述者甚多，希学者能于精省[13]后，以科学研究方法一一发明之。

五、后附《形意拳谱》中之要论及交手法，中多要语，并有不可解之字句，盖久而渐异乎原本也，学者不可不细体察之。

注 释

①兹但述：这里只讲述。

②良以：实在（是）因为。

③余皆自五行拳变化而出：其余的都是从五行拳变化来的。

④彼意谓：他的意思是认为。

⑤华而鲜用：花哨而少有用处。

⑥按之：考查。

⑦继趋渐华，而亦蹈此弊：跟着渐渐趋向于花哨，也产生这种弊端。

⑧自发其有：自己发挥它本来就有的东西。

⑨暇：闲暇，余闲。

⑩ 籍乎：借助于。

⑪ 会：领会，领悟。

⑫ 会得之理：领会得到的道理。

⑬ 精省：深刻领会。

#《形意拳术》目次

形意拳术总论

夫拳术为用大矣。强健身体，防御外侮，其大纲也[①]。实即为我国国粹，然我国人能之者绝少。在昔[②]士子[③]，多汲汲[④]从事科举之道，撺取[⑤]功名；其余工艺之徒[⑥]、商贾之辈[⑦]，知识学问更属缺乏。以是[⑧]强身之道，几[⑨]无有顾而问之者。区区拳术之传，又何往普及哉？外人“病夫”之讥，良有以也。[⑩]

自列强武器之输入，竞[⑪]以枪炮为利器，而拳术益替矣[⑫]！然外人之侨居我国者，每观我国拳术而不胜赞叹惊讶焉。每有从而学之者，侈然[⑬]以示其国人，众咸[⑭]奇之。以我国人所鄙夷而不屑学者，外人见之，而反愿得其传。说者谓[⑮]此皆[⑯]凡人好奇之心性使然，然拳术之未尝无价值，即此已可见一斑矣。我国人欲定其价值者，当先知所取舍、知所研究，即得之矣[⑰]。

注 释

①其大纲也：是它最根本的（用处）。纲，网上的总绳，比喻事物的根本。

②昔：往昔，过去。

③士子：犹“学子”，旧时读书人的通称。

④汲汲：心情急切的样子。

⑤擀取：当为“篡取”，夺取。

⑥工艺之徒：工人。

⑦商贾之辈：商人。

⑧以是：因此。

⑨几：几乎。

⑩外人“病夫”之讥，良有以也：外国人讥讽我们为“东亚病夫”，确实有一定的道理。

⑪竞：竞相。

⑫益替矣：更加被替代了，即更加废弃了。

⑬侈然：骄傲地。

⑭咸：都。

⑮说者谓：有人说。

⑯此皆：这都是。

⑰即得之矣：就得到要领了。

第一章　拳术之功用

长跑、短跑、跳远、跳高、跳栏、撑杆跳、掷铁球、铁饼、标枪、足球、篮球、网球、游泳、铁杠、木马诸种运动，除游泳、足球、篮球外，用力之处皆有所偏。如跑跳，则下身用力大于上身；掷铁球、铁饼，则臂与肩用力大于腿与足。若习此种运动，则其肌肉之发达、气力之增加，必局于[①]某部位，而他部若[②]未经练习者也。必欲[③]尽其类而皆习之，以偏[④]获其益，则于时间既不经济，而此种运动器具与地场[⑤]，则学校内亦未必完备，若在它处，则更难于遂愿。若习拳，则必全身齐力，凝神集气。目欲其明捷，肢欲其活泼，颈欲其灵旋，腹欲其坚实。体既如是，而精神团结，意志果决，刚毅之气、忍耐之力于是乎生矣。且不变无，所择不待于广；徒手而操，不待于器。[⑥]其利便[⑦]为何如哉？论其应用，不特[⑧]保护一身，更可保护他人。扶弱抑强，侠义之风，即于此基之[⑨]。习拳术之利益，非较习各种运动而有特别优点乎？

注 释

①局于：局限于。

②若：好像。

③必欲：（如果）一定要。

④偏：应为“遍”，由繁体字“徧”而误。

⑤地场：场地。

⑥且不变无……不待于器：且没有什么不便，所选择的场地不需要很大；徒手操练，不需要器械。不变，当为“不便”。

⑦利便：便利。

⑧不特：不只。

⑨即于此基之：就在这里为它（指扶弱抑强的侠义之风）建立了基础。

第二章　形意拳术之功用

拳术之功用，既于前章言之矣，形意拳术功用亦不外是[①]。形意拳术者，应用既胜于普通诸拳术，而习之尤利便。无论男女老少，苟[②]志于是，则皆无所困难也。何以知之？曰：无腾跃，无打滚，但求实用，不求可观，以是知其无难也。若习之而达于深奥，则虽力胜于己者，亦不难击之于丈外，制敌之命，易如反掌焉！顾[③]形意之效用，不尽在是[④]，尤能使精神充足，做事敏捷。前者可却病延年，后者可有为于世：此即其功用之最大者也。

注　释

① 亦不外是：也不外乎是这样。是，这。

② 苟：只要。

③ 顾：但。

④ 不尽在是：不全在此。

第三章　形意拳术之基本五行拳

五行拳者，劈拳、崩拳、攒拳、炮拳、横拳也，分五节以演之。

第一节　劈拳

拳名劈者，以[①]其掌之下[②]，如斧之劈也。练时，眼看平或看前手，头向上顶，胸任[③]开展，小腹鼓气[④]，臀向前挺[⑤]，两膝稍屈，而两胯相夹甚紧，足随手前推前进[⑥]。其前进之形如箭，盖其进也直而速[⑦]，及其着地[⑧]，则如箭之中物[⑨]，足趾紧扣住地，固而不易拔[⑩]矣。步之大小，随身之长短。[⑪]前腿虽有前进意，而亦含后扣[⑫]意；在后之腿虽屹立不前[⑬]，而颇有前催意；前后相夹，不亦稳乎？其余各部，其用力始终依前所云[⑭]。收回手时，收法在用力拳屈[⑮]各指，如拉重物然。收至心口，掌复[⑯]变为拳矣，于是更自[⑰]心口发出。须留意者，凡后拉而变掌为拳时，其掌皆含有下压之力；凡拳前伸时，皆含有上挑之力。其故维何？盖以其掌在前所止之处，较心口稍高也。进大步时，后足即上垫[18]，使两足距离有定，以免不稳之患。劈拳中，凡随拳而出之步，皆属垫步。在劈拳内，手足皆相随而为一者也。[19]余从略。

注 释

①以：因为。

②下：劈下。

③任：听任，任其。

④小腹鼓气：即气沉丹田，以腹式呼吸为主。

⑤臀向前挺：臀部向前包住。

⑥足随手前推前进：脚随着手的前推而前进。

⑦直而速：路线直而速度快。

⑧及其着地：到前脚着地时。

⑨则如箭之中物：就像箭射中猎物。

⑩固而不易拔：牢固而不容易移动。

⑪步之大小，随身之长短：步距的大小要随着身体的高矮来定。

⑫后扣：指前脚脚趾抓地，前腿后撑。

⑬不前：不往前进。

⑭依前所云：照前面所说的。

⑮拳屈：蜷曲。

⑯复：又。

⑰更自：再从。

⑱上垫：往上（即前）垫步。

⑲在劈拳内……为一者也：在练劈拳时，手与脚要相随，而成为一个整体。

第二节　崩拳

崩之为义山垮也。[1]山之垮，其势必甚猛，而此拳之性似之，故名。须注意者，右肘终须里裹，与劈拳同；庶几肘穴向上，微见下弯，则全肢不觉僵直矣。[2]此中妙处，久习自得（见第六章）。足尖平直前射，右足竟可与左足跟接触，壮其势也。[3]同时，身须直挺，头上顶，切勿下垂。腿势必微弯，以步过小。[4]

注　释

①崩之为义山垮也："崩"的意思是山垮塌。

②须注意者……不觉僵直矣：需要注意的是，右肘（按：此处本意指出拳一侧的肘，不限于右肘）始终要里裹（按即往中线裹挤），与劈拳要求相同；这样保持肘窝朝上，手臂微往下弯，则整个上肢就不至于显得僵直了。庶几，（这样）才能。肘穴，肘窝。

③足尖平直前射……壮其势也：左脚尖平直向前射出，右脚跟步，甚至可以跟到右脚趾与左脚跟挨住，这是为了使进攻之势更壮。

④腿势必微弯，以步过小：两腿必须微弯，因为（定势时）两腿步距过于小。

第三节　攒拳

攒之为义，聚也。[1]此拳之动作有似手[2]攒，故名。步法多与劈拳同，从略。

注　释

①攒之为义，聚也：攒（cuán）的意思是聚集、集中。

② 手：据 1922 版，此字应为“乎”。

第四节　炮拳

炮之取义与崩略同，谓其拳之作用似炮也。此拳系破敌从高击下之拳也。盖形意妙处，每发拳攻人，同时可自护；及人攻我而我自护时，我亦能即此[1]攻人，故人每不及自御也。两腿微弯，右腿有前催之力。而在前之左腿，则虽前向[2]，亦颇含有稳立意。同时，将全身之气收聚于小腹，暗运于四肢，则其二臂之力本不多者，至此终须增加数倍矣。以其数倍其力，故虽壮夫，莫之能当也。

注　释

① 即此：就着这个（自护的动作）。

② 前向：向前。

第五节　横拳

此拳用法，不直而横，故名横拳。练时肘要紧裹，后拳自前臂肘下发出，切记。

第四章　进退连环拳

进退连环拳者，连五拳而成者也。凡十一着[①]：一、劈拳；二、崩拳；三、退步崩拳；四、顺步崩拳；五、双横拳[②]；六、炮拳；七、退步劈拳；八、劈拳；九、攒拳；十、劈拳；十一、崩拳；十二、作崩拳转身。转后次序仍如前[③]，至再作退步崩拳时止[④]，即以退步崩拳收式。

注　释

①凡十一着：共十一招。

②双横拳：即“白鹤亮翅”。

③转后次序仍如前：转身后往回打的顺序，仍和前面往出打的顺序一样。

④至再作退步崩拳时止：打回到出发地，再回身，至打出退步崩拳时停止。

第五章　形意玄义[1]

“形”者，式也；式在外，人得而见之。[2]“意”者，志之所在也；意非形，人莫得而见之。[3]意主乎形；形不能自动，凡形之动，多意使之。[4]虽心肺等无意而终不息其运动，然心肺实未尝自动也，此近世生理学家所公认者。[5]凡形之动，其机在筋肉。[6]筋肉强壮而意不锐敏，则力虽大而其动迟。[7]筋肉既强壮而意又锐敏，庶乎善矣[8]。虽然，犹未也。[9]设令其骤遇强敌，仓卒之间，欲其处以常态、应以妙手，上难矣哉！[10]是犹令未学之孩童，初试其手工也，鲜克[11]心手相应。然久习形意拳者，则以不难为之矣。夫今之新教育家，每竭力提倡工艺。工艺之要，惟在心手相应耳。然则设有精通形意之术以习工艺者，其习之也，当较易矣。由是观之，形意之功用，册[12]仅限于强身自卫哉？抑[13]又有进于是者。聚气于胸，则喘面[14]不久；聚气于小腹，则久而不碍呼吸。渐积渐充，而此气浩然，更可以意导之。若当拳击出时，则导之于拳，是不啻[15]以全身之力，运而聚于拳之一点，其势之猛，宁可当耶？若偶犯不适，则导气于病处；血来贯注，其中白血轮[16]，实能杀微生物而去其病。且刚直之气，充塞两间[17]，精明强干，神色粲然，孟子所言[18]，岂欺吾哉？必如此，始可以膺[19]重任。其为社会，为一己，谋事均无遗憾矣。今但举其大概如此，若夫神而明之，尤在于善悟者。

注 释

①玄义：玄妙精深的义理。

②"形"者……人得而见之："形"是形式，形式表现在外面，人能够看见它。

③"意"者……人莫得而见之："意"是内在的心理活动，意不是形式，人不能看见它。

按：南宋·朱熹："意者，心之所发也。"

④意主乎形……多意使之：内意掌管外形；外形不能自动，凡外形的各种动作，都只是由意使它产生的。多，犹"只"。

⑤虽心肺等……所公认者：虽然心肺等在没有意识指挥时始终保持不停地运动，但是心肺其实并没有绝对地自动，这是近代生理学家所公认的事实。

⑥凡形之动，其机在筋肉：一切外形的动作，它的机制在于有关肌肉（骨骼肌）的收缩。

⑦筋肉强壮……而其动迟：（骨骼肌的收缩受意志的支配，所以）即使肌肉强壮，但假如意志不敏锐的话，则力量虽大，而行动迟缓。

⑧庶乎善矣：（才）差不多（算是）完善了。

⑨虽然，犹未也：虽然如此，还有未到之处。虽，虽然。然，如此。

⑩设令其……上难矣哉：假设让他突然遭遇强敌，仓卒之间，要他不失常态，以巧妙的招数应对，这是上难的事！仓卒，同"仓猝"，匆忙，急遽。

按：这句是说，有了强壮的肌肉和敏锐的意志也还是不够的，必须如下文所说，习练形意拳术，才能达到心手相应。

⑪鲜克：很少能。鲜，音 xiǎn，少。克，能。

⑫册：岂，难道。

⑬抑：抑或，还是。

⑭面："而"之误。

⑮不啻：不仅仅。啻，音 chì。

⑯白血轮：白细胞。

⑰两间：天地之间。

⑱孟子所言：这里当指《孟子·公孙丑上》："我善养吾浩然之气。""其为气也，至大至刚，以直养而无害，则塞于天地之间。"及《孟子·尽心上》："君子所性，仁义礼智根于心，其生色也睟然，见于面，盎于背，施于四体，四体不言而喻。"

⑲膺：承受。

第六章　形意拳术之要点及其研究

形意拳术之要点凡四：

一、闭口，舌抵上腭，津生则咽下

闭口者，所以保气之不外泄，而防空气中之秽物入口也。不但习拳时宜如此，凡不用口时皆宜如此。

舌抵上腭者，所以生津液，使口不干燥也。

津生下咽，则更使喉间亦滋润也。

二、裹肘，垂肩，鼓腹，展胸

裹肘则臂必弯曲，微弯则肩之力可由此而运至于手。此一要点，凡形意门中拳数皆不能脱离于此。试论劈拳：必如此而全身之力始能运[①]五指之端。故人每以为五指力弱，安能击人而仆之于丈外？而不知五指之力果[②]弱，今得全身之力皆聚于此，则亦何难为哉？若不裹肘则臂僵[③]，僵则力止于臂而不能外发，学者盍[④]一一试之，即可知矣。

垂肩者，使气不浮，而下聚于小腹也。若不垂肩，其能久持[⑤]者几希[⑥]矣。鼓腹者，聚气于小腹也。[⑦]人身有二大藏气处，一为肺，一为脐下小腹。藏气于肺，则不久必放[8]，呼吸使之然也。今藏气于小腹，则肺之呼吸既不能引之外泄，而积气于此，亦无碍于呼吸，如是[9]气当舒足，必能持久。不然，甫[10]交手而喘声大作，面红耳赤，心跳勃勃，脉张力竭，殆矣[11]！

展胸者，所以使积气不碍呼吸[12]也。每有欲聚气于小腹，而强迫肺中之气于小腹者。其迫之也，必抑[13]胸使平，其结果必至于肺部不发达，而呼吸多阻碍，伤身最甚矣！故今虽鼓气于小腹，而于肺则一任其自展，庶即[14]可无害矣。

三、两腿相夹，足趾抓地

两腿相夹者，即所以免身之前后倾倒也。尝[15]见壮汉斗一较弱而活泼者，以壮汉之力而论，宜足以胜敌也，而每有战败者，用力偏也。盖当其进步时，或全身前倾，毫无后持之力，故其敌得借其力、乘其势以仆之[16]。

足趾抓地，即所以使身更稳固也。

四、目欲其明，欲其敏，更欲其与心手相应

交手之时，原全恃乎心手之作用。而据其最重要之地位者，目是也。[17]目而不明、不敏，不能与心手相应，而能胜人者，亦鲜矣。此理人皆知之，然用目于交手之时当若何？此则所宜研究者也。（一）交手之时，高则视敌之目。以其之所视，必其手之所向也。[18]（二）中则视敌之心。以其手之出入必在心前也。（三）下则视敌之足。以其足之所向，即其身之所在也。

注 释

①运：运到。

②果：确实。

③僵：僵直。

④盍：何不。

⑤久持：持久。

⑥几希：很少。《孟子·尽心上》："舜之居深山之中，与木石居，与鹿豕游，其所以异于深山之野人者几希。"

⑦鼓腹者，聚气于小腹也：即以腹式呼吸为主，气沉丹田。

⑧放：放出，即呼出。

⑨如是：像这样。

⑩甫：才。

⑪殆矣：危险了。

⑫积气不碍呼吸：积气于小腹但又不妨碍肺部的呼吸。

⑬抑：压制。

⑭庶即：差不多就。

⑮尝：曾经。

⑯仆之：使之仆倒。

⑰而据其最重要之地位者，目是也：而据于最重要的地位的，是眼。

⑱以其之所视，必其手之所向也：因为他的眼所注视的方向，一定是他要出手进攻的方向。以，因为。其，他，指对手。

第七章　形意拳术之特长处

形意拳术之较长于普通拳术者凡三端[①]：

一、身稳气平

每见习普通拳术者，辗转腾跃，时[②]用足踢人。非不美观也，非不可谓为一种运动也，然不足以交手，何也？我劳人逸，我危人安也。夫两相交手时，两足犹恐不能稳立，宁[③]有暇分其一足以踢人乎？苟[④]踢而不中，其败也必矣。且二目瞿瞿静观敌之动以应[⑤]可也，何为而腾跃以自劳乎？形意则无如此无益之举动。

二、拳法简捷

普通之拳术，其臂之动也，守为一着，攻为一着。若人攻我，则必先御之，而后得攻之。形意则不然，攻即守，守即攻，一着而备二用。何以言之？曰，试论劈拳之拳式：设人以左拳攻我心口，无论其拳之高低如何，我但[⑥]进步向其右旁，以右劈作劈拳之拳式，架住其臂，是[⑦]我已自防矣；同时我但如此前进，我臂即斜刺擦其臂而前。苟其手不敏，必中我拳矣，此“守即攻”之谓也。苟其手而敏，则必将我拳撩起外推，然我于是即乘其撩推之势而抽回我拳，同时将拳渐向下沉，沉后变拳为掌，骤成劈拳，前推其身，彼[8]欲防备不及矣[9]，何也？彼之撩而推也，必用大力，势难一时收回，我则本借其力，而急欲攻之者也。我但作一圆圈，而彼已中我拳矣[10]。我一臂攻之，而使其不暇自防，更无暇攻我，是不啻[11]"攻即守"矣，形意拳术不诚灵便乎？

或曰："崩拳甚直，恐无如此妙用。"应之曰："崩拳已有二用。"苟敌攻我之拳而高也，则我拳自其拳下斜入，作上挑之力。当我拳斜入时，我身必进至敌之旁，则彼之拳我已躲过。我今在其拳下作上挑之力，同时又不废[12]前击，则彼拳即欲下压我拳，必已不及；即及[13]，亦不能竟压我拳，以[14]我已预防也，而同时彼身已中我拳矣。苟敌攻我之拳而低也，则我拳自其拳上斜击，作下压之力。彼拳被我压下，则其臂之长不能及[15]我身，而我拳自彼拳上擦过，已中其身矣。孰谓[16]崩拳无二用乎？

三、养气壮志

此长处惟作内功者始能得之，形意则内外功兼有之，广如第五章所说。

注 释

①凡三端：共三点。

②时：有时，时不时。

③宁：岂，难道。

④苟：假如。

⑤应：应对。

⑥但：只（需）。

⑦是：这样。

⑧ 彼：他。

⑨ 不及矣：（已经）来不及了。

⑩ 中我拳矣：被我的拳击中了。

⑪ 不啻：不仅仅。

⑫ 不废：不放弃。

⑬ 即及：就算来得及。即，即使，就算。

⑭ 以：因为。

⑮ 及：触及。

⑯ 孰谓：谁说。

附　岳武穆[1]形意拳术要论

民国四年夏，余[2]南归，过[3]吾乡原公作杰家，取其所藏武穆拳谱读之，中有[4]要论九篇、交手法一篇，虽字句间不无差误，然其行文瑰玮雄畅，洵为[5]武穆之作。而论理精透，尤非武穆不能道[6]。余曰：此形意旧谱也，得此灵光，形意武术，其将日久而弥彰[7]乎！急录之，携入京师[8]，公诸同好。天下习武之士，与凡素慕武穆其人者，其守此勿失可也。济源[9]后学郑濂浦谨识。

注 释

①岳武穆：即岳飞（1103—1142年），南宋抗金名将。字鹏举，相州汤阴（今属河南）人。宋高宗绍兴十一年腊月二十九日以"莫须有"的罪名与子岳云及部将张宪同被杀害。孝宗时平反，追谥"武穆"；宁宗时追封"鄂王"，改谥"忠武"。所以后人敬称为"岳武穆王""岳鄂王""岳忠武王"。

②余：我。

③过：访，探望。

④中有：其中有。

⑤洵为：确实是。

⑥ 不能道：讲不出来。

⑦ 弥彰：更加彰明。

⑧ 京师：指北京。

⑨ 济源：河南省济源县，现济源市。

第一章　一要论[1]

从来散之必有其统也，分之必有其合也。[2]以故天壤间四面八方，纷纷者各有所属；千头万绪，攘攘者自有其源。[3]盖一本散为万殊，而万殊成归于一本，事有必然者。[4]且武事之论，亦甚繁矣。[5]而要之千变万化，无往非势，即无往非气。[6]势虽不类，而气归于一。[7]

夫所谓"一"者，从上至足底，内而有脏腑、筋骨，外而有肌肉、皮肤、五官之百骸，相连而一贯也。[8]破之而不开，撞之而不散。上欲动而下自随之，下欲动而上自领之，上下动而中节攻之，中节动而上下和之。内外相连，前后相需。所谓"一贯"者，其斯之谓欤！[9]

而要非勉强以致之，袭为之也。[10]当时而静，寂然湛然，居其所而稳如山岳；当时而动，如雷如塌，出乎尔而疾如闪电。[11]且静无不静，表里上下，全无参差牵挂之意；动无不动，左右前后，并无抽扯游移之形。[12]洵乎若水之就下，沛然而莫之能御；若火之内攻，发之而不及掩耳。[13]不假思索，不烦疑义，诚不期然而然，莫之致而至！[14]

是岂无所自而云然乎？[15]盖气以日积而有益，功以久练而始成。[16]观圣门一贯之传，必俟多闻强识之后，豁然之境，不废格物致知之功：[17]是知事无难易，功惟自尽。[18]不可躐等，不可急遂。[19]按步就步，循次而进，[20]夫而后官骸肢节，自有通贯；上下表里，不难联络。[21]庶乎散者统之，分者合之，四体百骸，终归于一气而已矣。[22]

注 释

①一要论：本章讲"一贯"，即通过"统"与"合"而形成整劲。

②从来散之……必有其合也：自来把一串东西拆散之后，一定还能用一根线索将它们贯穿起来（因为它们本来曾经是一串）；一个整体剖分之后，一定还能将它们整合起来（因为它们本来曾经是一个整体）。统，统贯。合，整合。

③以故天壤间……自有其源：因此，天地间四面八方众多的物品，各有其所从属的统系（绪）；天地间千头万绪乱纷纷的事情，自有其所从来的本源。以故，因为这个缘故，因此。天壤，天地。纷纷，众多貌。攘攘，纷乱貌。

④盖一本……事有必然者：总之，从一个本源出发，能够分散成千万种不同的事物；而各种不同的事物，又都归因于同一个本源。这是事物的必然规律。盖，发语词。成，据1922年版，此处为"咸"。咸，全，都。

⑤且武事之论，亦甚繁矣：且关于武事的理论（论述）也有很多。武事，与军队和战争有关的事。这里指武术、拳术。

⑥而要之……无往非气：而总的来说，千变万化，无处不是势，即无处不是气。势，形势，架势。气，气脉，指身体各部内在的连贯性。

⑦势虽不类，而气归于一：拳势虽然有种种不同，而内在的（连贯）一气都是相同的。

⑧ 夫所谓……相连而一贯也：所谓“一贯”，是指从头顶到脚底，将身体内部的脏腑筋骨，和身体外部的肌肉、皮肤、五官及各个骨节连成一条线。百骸，各个骨节。贯，古时穿钱的绳索。五官之百骸，1922 年版无“之”字。

⑨ 破之而不开……其斯之谓欤：劈不开，撞不散。上节要动而下节自然跟随，下节要动而上节自然引领，上节、下节要动而中节自然配合加强，中节要动而上、下两节自然应和。内外相连，前后呼应，所说的“一贯”，就是这个意思吧！破，劈开。

⑩ 而要非勉强以致之，袭为之也：而最主要的，这种“一气贯穿”的本事，不是勉强可以得到，也不是一时的努力可以成功的。致，取得。袭为之，即“袭取之”，1922 年版为“袭焉而取之”，指通过一时的努力轻巧地取得。袭，乘人不备而进攻。《孟子·公孙丑上》：“是集义所生者，非义袭而取之也。”

⑪ 当时而静……疾如闪电：该静的时候，安静澄澈，在自己的位置上稳如山岳；该动的时候，如雷炸、如山塌，出势快如闪电。寂然，安静的样子。湛然，澄清的样子。寂然湛然，指身心既安静又干净。出乎尔，（拳势）从你身上发出。《孟子·梁惠王下》：“出乎尔者，反乎尔者也。”

⑫ 且静无不静……并无抽扯游移之形：而且一静则没有不静之处，身体的里面外面、上部下部完全没有参差不齐及牵连挂碍的意思；一动则没有不动之处，无论左右方向还是前后方向，一点也没有抽扯不动或游移不定的表现。

⑬ 洵乎若水之……不及掩耳：确实像洪水一泻而下，汹涌奔流而不能抵御它；又像火药引燃，立刻爆炸而来不及捂住耳朵。洵，诚然，确实。沛然，水奔流的样子。《孟子·梁惠王上》：“由水之就下，沛然谁能御之？”（由，通“犹”，如同。）莫之能御，“莫能御之”的倒装。

⑭ 不假思索……莫之致而至：（这种理想的效果）不必借助于临时的思索，更不必麻烦去提前设计，实在是没有期望那样而那样，没有去请而到来！疑义，应为“拟议”，行动之前的忖度、思量和议论。《易·系辞上》：

"拟之而后言，议之而后动，拟议以成其变化。"莫之致而至，即"莫致之而至"。致，招致。《孟子·万章上》："莫之为而为者，天也；莫之致而至者，命也。"

⑮ 是岂无所自而云然乎：这难道是没有根据的说法吗？

⑯ 盖气以日积而有益，功以久练而始成：这是气由于日日积累而不断增加，功因为长久的练习才达到成熟。以，因为，由于。益，增加。始，才。

⑰ 观圣门……格物致知之功：（我们）看圣门一以贯之的传授，一定得等到有了广博的见闻并记住很多知识之后，才一下子达到豁然贯通的境界，到此而仍然不停止格物致知的功夫。圣门，孔门。一贯，一以贯之，一种道理贯穿于事物始终。《论语·卫灵公》：子曰："赐也，女以予为多学而识之者乎？"对曰："然，非与？"曰："非也，予一以贯之。"《论语·里仁》：子曰："参乎！吾道一以贯之。"俟，等候，等待。多闻强识，博闻强识，也就是"多学而识之"。识，通"志"，记忆，记住。豁然，豁然贯通。宋·朱熹《大学章句·补第五章之传文》："至于用力之久，而一旦豁然贯通焉，则众物之表里精粗无不到，而吾心之全体大用无不明矣。"格物致知，这话出自《大学》："欲诚其意者，先致其知，致知在格物。"朱熹所补传文为"所谓致知在格物者，言欲致吾之知，在即物而穷其理也。"

⑱ 是知事无难易，功惟自尽：由此可知，天下的事无论难易，（要想取得成功，）主要在于自己的努力。是知，由是知，由此知。无，无论。功，成绩，功效。尽，尽力。

⑲ 不可躐等，不可急遂：不可以超越等级，不可以急于求成。躐等，逾越等级。急遂，应为"急遽"。遽，急，骤然。

⑳ 按步就步，循次而进：按部就班，顺着次序前进。循，顺着。次，次序。

㉑ 夫而后……不难联络：这样日久功深之后，身体的所有感觉器官、骨骼、四肢、关节，自然能够贯通；身体的上部、下部、里面、外面，不难联络起来。官，感觉器官。骸，骨。肢，四肢。

㉒庶乎散者……一气而已矣：于是将各个零散的部分贯穿起来，分开的部分整合起来，使四肢及全身骨节形成一个完整的整体。庶乎，差不多，于是。统，统贯，贯穿。合，整合。四体，四肢。百骸，所有骨节。一气，一个（有机的）整体。

第二章　二要论[1]

尝有世之论捶者而兼论气者矣[2]。夫气主于一，可分为二。所谓“二”者，即呼吸也，呼吸即阴阳也。[3]捶不能无动静，气不能无呼吸。[4]吸则为阴，呼则为阳；主乎静者为阴，主乎动者为阳。[5]上升为阳，下降为阴。阳气上升而为阳，阳气下行而为阴；阴气下行而为阴，阴气上行而为阳。[6]此阴阳之分也。[7]何为所清浊？升而上者为所清，降而下者为浊；清气上升，浊气下降；清者为阳，浊者为阴。[8]而要之阳以滋阴，浑而言之统为气，分而言之为阴阳。[9]气不能无阴阳，即所谓人不能无动静，鼻不能无呼吸，口不能无出入，此即对待循环不易之理也。[10]然则气分为二，而实在于一，有志于斯途者，慎勿以是为拘拘焉。[11]

注　释

①二要论：本章讲“二气”，即呼吸。

②尝有世之论捶者而兼论气者矣：世上曾经有论述拳术的人同时论述气。尝，曾经。捶，拳，这里指拳术。

③夫气主于一……呼吸即阴阳也：气息主要在于一口气，一口气又可

以分为两个部分。所谓两个部分，就是呼与吸，呼与吸就是阳与阴。

④ 捶不能无动静，气不能无呼吸：每一拳不能不分为静蓄（待发）与动发两个步骤，每一口气不能不分为吸气与呼气两个部分。

⑤ 吸则为阴……动者为阳：吸入的则为阴气，呼出的则为阳气；主管静蓄的为阴气，主管动发的为阳气。

⑥ 上升为阳……上行而为阳：上升呼出的为阳气，下行吸入的为阴气。阳气一直上升呼出仍为阳气，阳气转而变为吸气下行则成为阴气；阴气一直下行吸到底仍为阴气，阴气转而呼出上行则成为阳气。

⑦ 此阴阳之分也：这就是阴气和阳气的分别。

⑧ 何为所清浊……浊者为阴：什么是清气与浊气？上升吸入的为清气，下降呼出的为浊气；清气往上升，浊气往下降；清轻的为阳气，浊重的为阴气。

按：这几句两个“所”字，当为衍字。

又按：这里论述清浊显得突然，董秀升先生《岳氏意拳五行精义》所附“岳武穆九要论”在“呼吸即阴阳也”之后有“阴阳即清浊也。”更符合原文的内在逻辑。

⑨ 而要之……为阴阳：总之阳气滋生阴气，（阴气滋生阳气，）合起来叫作一口气，分开叫作阴气与阳气。

⑩ 气不能无阴阳……不易之理也：气不能没有阴气与阳气，也就是所说的人不能没有动作与静止，鼻不能没有呼气与吸气，口不能没有出气与入气，这就是（一阴一阳、一动一静、一呼一吸、一出一入）互相对立循环的不变规律。

⑪ 然则气分为二……勿以是为拘拘焉：然而气虽然分为呼与吸两部分，但还是完整的一口气，有志于此道（指武术）的人，千万不要拘泥于这种理论（而强行地去划分呼与吸，以至于偏离了自然的原则）。

第三章　三要论[1]

夫气本诸身，而身之节无定处。[2]三节，上、中、下也。[3]以身言之：头为上节，身为中节，腿为下节。[4]以上节言之：天庭为上节，鼻为中节，海底为下节。[5]以中节言之：胸为上节，腹为中节，丹田为下节。[6]以下节言之：足为梢节，膝为中节，胯为根节。[7]以肱[8]言之：手为梢节，肘为中节，肩为根节。以手言之：指为梢节，掌为中节，掌根为根节。观于是，而足不必论矣。[9]然则自顶至足，莫不各有三节。[10]要之，若无三节之分，即无着意之处。[11]盖上节不明，无依无宗；中节不明，浑身是空；下节不明，自家吃跌。[12]顾可忽乎哉？[13]至于气之发动，要皆梢节动，中节随，根节催之而已。[14]然此犹是节节而分言之者也；若夫合言之，则上自头顶，下至足底，四体百骸，统为一节，夫何三节之有哉？又何三节中之各有三节云乎哉？[15]

注 释

① 三要论：本章讲“三节”。

② 夫气本诸身，而身之节无定处：气的根本是身，而身体的分段没有一定的方法。本诸身，本之于身，以身为本。节，段。

③ 三节，上、中、下也：我们可以把身体按三段理论来划分，即上节、中节、下节。

④ 以身言之……腿为下节：拿整个身体来说：头为上节，躯干为中节，腿为下节。

⑤ 以上节言之……为下节：拿上节头来说：额头为上节的上节，鼻子为上节的中节，下颏为上节的下节。

⑥ 以中节言之……为下节：拿中节躯干来说：胸部为中节的上节，腹部为中节的中节，丹田为中节的下节。

⑦ 以下节言之……为根节：拿下节腿来说：脚为下节的梢节，膝为下节的中节，胯为下节的根节。

⑧ 肱：手臂。

⑨ 观于是，而足不必论矣：看了上面的论述，则脚的三节就不必讲了。是，这。

按：这是说，对于脚来说，脚趾是梢节，脚掌是中节，脚跟是根节。

⑩ 然则自顶至足，莫不各有三节：这样说来，从头顶到脚底，（各节之中，）无不各有三节。

⑪ 要之……无着意之处：总的来说，如果没有把身体按三节理论层层划分，那么在练习和实战时，我们就没有着意的地方。要之，要而言之。

⑫ 盖上节不明……自家吃跌：不明白上节的作用，则中节和下节没的（无所）依从和尊奉；不明白中节的作用，则浑身都是空的；不明白下节的作用，则自己容易被别人打倒。盖，句首语气词。依，依从。宗，尊奉。吃跌，被跌。吃，表示被动。

⑬ 顾可忽乎哉：（三节的理论）难道可以忽视吗？顾，岂，难道。

⑭ 至于气……催之而已：至于说到气的发动，概括地说，都是梢节领

起，中节跟随，根节往前催动而已。要，概括，总括。

⑮ 然此犹是……有三节云乎哉：然而这还是一节一节分开讲的；要是合起来讲，则上自头顶，下至脚底，四肢及所有骨骼，总共就是一节，哪还有三节之分呢？又哪还有三节之中各有三节的说法呢？

第四章　四要论[①]

试于论身、论气之外，而进论乎梢者焉。[②]夫梢者，身之余绪也。言身者初不及此，言气者亦所罕论。[③]捶以内而发外，气由身而达梢。[④]故气之用，不本诸身，则虚而不实；不形诸梢，则实而仍虚。梢亦焉可不讲？[⑤]然此特身之梢耳，而犹未及乎气之梢也。[⑥]四梢为何？发其一也。[⑦]夫发之所系，不列于五行，无关于四体，似不足论矣。[⑧]然发为血之梢，血为气之海，纵不必本诸发以论气，要不能离乎血而生气。不离乎血，即不得不兼及乎发。[⑨]发欲冲冠，血梢足矣。[⑩]抑舌为肉之梢，而肉为气囊，气不能行诸肉之稍，即无以充其气之量。故必舌欲催齿，而后肉梢足矣。[⑪]至于骨梢者，齿也；筋梢者，指甲也。[⑫]气生于骨，而联于筋。不及乎齿，即未及乎筋之梢；而欲足手尔者，要非齿欲断筋，甲欲透骨不能也。[⑬]果能如此，则四梢足矣。[⑭]四梢足，而气亦自足矣，岂复有虚而不实，实而仍虚者乎？[⑮]

注 释

①四要论：本章讲“四梢”。

②试于论身……论乎梢者焉：（这里）尝试在论身和论气之外，再进一步论述一下“梢”。梢，本指树木的末端，这里指一般的末端。

③夫梢者……亦所罕论：梢是身体的剩余部分。讲身的从来没有涉及这个问题，讲气的也罕有论及。

④捶以内而发外，气由身而达梢：拳从内发向外，（同时，）气由身的主体而达到身的末梢。

⑤故气之用……梢亦焉可不讲：所以气的运用，不以身为本（不从身的主体发出），则身体空虚而不充实；不表现在梢，则虽说充实了但还有空虚之处。梢怎么可以不加研讨呢？本诸身，以身为本，自身具备。《中庸·第二十九章》：“君子之道，本诸身。”朱熹注：“本诸身，有其德也。”

⑥然此特身之梢耳，而犹未及乎气之梢也：然而这只是说到身的梢，而还没有论及气的梢。特，只（是）。

⑦四梢为何？发其一也：四梢是什么？头发是其中之一。

⑧夫发之所系……似不足论矣：与头发有关联的，既不属于五脏，也不属于四肢，好像不值得讨论。

⑨然发为血之梢……不得不兼及乎发：然而头发是血的末梢，血是气的海，纵然不一定要根据头发来讨论气，但总不能离开血而产生气吧。既然不能离开血来讨论气，就不得不同时讨论头发。

⑩发欲冲冠，血梢足矣：若能做到头发要冲顶帽子，则血梢的气就充满了。发欲冲冠，头发直竖，顶着帽子。《史记·廉颇蔺相如列传》：“相如因持璧却立倚柱，怒发上冲冠。”

⑪抑舌为肉之梢……而后肉梢足矣：又，舌头是肉的末梢，而肉是气的囊袋，气不能运行到肉的末梢，就没办法充实肉中的气量。所以必须先做到舌头要催动牙齿，而后才能使肉梢充满气。抑，又。其气，其中之气。其，指“肉”。

⑫至于骨梢者……指甲也：至于（说到）骨梢，就是牙齿；（说到）筋梢，

就是指甲。

⑬ 气生于骨……甲欲透骨不能也：气从骨里生出来，而骨又连着筋。不论及牙齿，就没有论及骨的末梢；不论及指甲，就没有论及筋的末梢。而要想让气充满骨梢、筋梢，总之非得牙齿要咬断筋，指甲要穿透骨不能做到。按，这几句有缺误，疑当为："气生于骨，而联于筋。不及乎齿，即未及乎骨之梢；不及乎指甲，即未及乎筋之梢；而欲足乎尔者，要非齿欲断筋，甲欲透骨不能也。"筋，附着在骨上的韧带。足手尔，应为"足乎尔"，使骨梢、筋梢充满（气）。尔，指示代词，那，这里指骨梢、筋梢。

按："气生于骨"是指气充满并穿过骨，不是说"由骨产生气"，因为下文第五章讲"即由五脏而生气，五脏实为生性之源，生气之本"，则气是由五脏的生理活动产生的。

⑭ 果能如此，则四梢足矣：果真能做到这些，则四梢的气就充满了。

⑮ 四梢足……实而仍虚者乎：四梢的气充满了，则整个身体的气也自然就完全充满了，难道还会有虚而不实，实而仍虚的地方吗？

第五章　五要论[①]

今夫捶以言势，势以言气。[②]人得五脏以成形，即由五脏而生气，五脏实为生性之源，生气之本，而名为心、肝、脾、肺、肾是也。[③]心为火，而有炎上之象；肝为木，而有曲直之形；脾为土，而有敦厚之势；肺为金，而有纵革之能；肾为水，而有润下之功。[④]此乃五脏之义，而必准之于气者，以其各有所配合焉。[⑤]此所以论武事者，要不能离乎斯也。[⑥]

胸膈为肺经之位，而为诸脏之华盖。故肺经动，而诸脏不能静。[⑦]两乳之中为心，而肺包护之。肺之下，胃之上，心经之位也。心为君火，动而相火无不奉合也。[⑧]而两肋之间，左为肝，右为脾。[⑨]背脊十四骨节皆为肾。此固五脏之位，然五脏之系，皆系于背脊，通于肾髓，故为肾。[⑩]至于腰，则两肾之本位，而为先天之第一，尤为诸脏之根源。[⑪]故肾水足，而金木水火土咸有生机。[⑫]此乃五脏之位也。[⑬]

注 释

① 五要论：本章讲“五脏”及相应的经脉。

②今夫捶以言势，势以言气：现在由拳来谈架势，由架势来谈气。

③人得五脏……肾是也：人有了五脏而成为人形，就（再）由五脏而产生气，五脏实在是维持生命和产生中气的本源，五脏分别叫作心、肝、脾、肺、肾。

④心为火……有润下之功：心是火性，而有向上加热的形象；肝是木性，而有可以弯曲、可以伸直的形象；脾是土性，而有敦实厚重的形势；肺是金性，而有顺从人意，改变形状的功能；肾是水性，而有向下润湿的功能。纵革，应为“从革”。《尚书·周书·洪范第六》：“水曰润下，火曰炎上，木曰曲直，金曰从革，土爰稼穑。”

⑤此乃五脏之义……其各有所配合焉：（以上）这些是五脏的本来性质，而之所以一定要按照气的标准来研究它们，是因为它们各有自己所配合的其他器官。

⑥此所以论武事者，要不能离乎斯也：因此，谈论武事的人，总不能离开这些。武事，与军队或战争有关的事情，这里指武术。要，总要。

⑦胸膈为肺经之位……诸脏不能静：胸膈是肺经的位置，而肺是其余各脏的华盖。因此肺经一动，而其余各脏便都不能静。胸膈，这里当指胸腔。肺经，当指肺。华盖，华丽的伞盖。

⑧两乳之中为心……动而相火无不奉合也：两乳的正中间为心脏的位置，而肺在上面包护着它。肺以下，胃以上，是心经的位置。心火是君火，心火一动而相火没有不奉承配合的（**按**：即相火跟着动）。相火，肝、胆、肾、三焦之火为相火。相，辅助。火，指生命活动的动力。心经，当指“心”。

⑨而两肋……右为脾：而在两肋之间，右边为肝经的位置，左边为脾经的位置。

按：“左为肝，右为脾”当为“右为肝，左为脾”。

⑩背脊十四骨节……故为肾：背脊的十四根骨节都是肾经的位置。这里本来是五脏的位置，但是因为五脏的固定，都拴系在背脊上，与肾髓相通，所以是肾经的位置。固，本来。

⑪ 至于腰……尤为诸脏之根源：至于腰，则是两肾本来的位置，而肾是先天第一脏，更是其余各脏的根源。

⑫ 故肾水足，而金木水火土咸有生机：因此，只要肾水充足了，金木水火土各脏就都有了生机。咸，全，都。

⑬ 此乃五脏之位也：以上是讲五脏的位置。

且五脏之存于内者，各有其定位；而具于身者，亦自有所专属。[①] 领顶脑骨背，肾是也。两耳亦为肾。[②] 两唇、两腮，皆脾也。[③] 两发则为肺。[④] 天庭为六阳之首，而萃五脏之精华，实为头面之主脑，不啻一身之座督矣。[⑤] 印堂者，阳明胃气之冲。天庭性起，机由此达。生发之气，由肾而达于六阳，实为天庭之枢机也。[⑥] 两目皆为肝，而究之上包为脾，下包为胃，大角为心经，小角为小肠，白则为肺，黑则为肝，瞳则为肾，实为五脏之精华所聚，而不得专谓之肝也。[⑦] 鼻孔为肺，两颐为肾，耳门之前为胆经，耳后之高骨，亦肾也。[⑧] 鼻为中央之土，万物资生之源，实中气之主也。[⑨] 人中为血气之会，上冲印堂，达于天庭，亦为至要之所。[⑩] 两唇之下为承浆，承浆之下为地阁，上与天庭相应，亦肾经位也。[⑪] 领顶颈项者，五脏之道途，气血之总会。前为食气出入之道，后为肾气升降之途。肝气由之而左旋，脾气由之而右旋。其系更重，而为周身之要领。[⑫] 两乳为肝，两肩为肺，两肘为肾，四肢为脾，两肩背膊皆为脾，而十指则为心、肝、脾、肺、肾是也。[⑬] 膝与胫皆肾也，两脚跟为肾之要，涌泉为肾穴。[⑭] 大约身之所系，凸者为心，窝者为肺，骨之露处皆为肾，筋之联处皆为肝，肉之厚处皆为脾。[⑮]

象其意，心如猛虎，肝如箭，脾气力大甚无穷，肝经之位最灵变，肾气之动快如风。[16] 其为用也，用其经。[17] 举凡身之所属于某经者，终不能无意焉。是在当局者自为体认，而非笔墨所能为者也。[18] 至于生克制化，虽别有论，而究其要领，自有统会。[19] 五行百体，总为一元。四体三心，合为一气，奚必昭昭于某一经络，节节而为之哉？[20]

注 释

①且五脏……自有所专属：而且存在于胸腹腔内的五脏，各自有其固定的位置；而长在身体外表的各种器官，也各自有其所专属的脏经。

②领顶脑骨背……两耳亦为肾：脖颈、头顶、脑骨、脊背都属于肾经。两耳也属于肾经。领，颈。

③两唇、两腮，皆脾也：上下两唇、左右两腮，都属于脾经。

④两发则为肺：头发与浑身的毛孔则属于肺经。

⑤天庭为六阳之首……一身之座督矣：天庭是六阳脉开头，集中了五脏的精华，实在还是头面的主脑，而不仅仅是一身的督帅。天庭，两眉之间，前额的中央。六阳，六阳经，手三阳经与足三阳经。萃，草丛生貌，引申为聚集。主脑，主要部分。不啻，不仅仅。座督，执监督权的官。

⑥印堂者……天庭之枢机也：印堂，是阳明胃气上升的要冲。天庭要发作，其气机便是由这里上达（天庭）。内部生发的气，要由肾而达于六阳之首，（印堂）确实是气达天庭的关键之处。印堂，即印堂穴，位于额区两眉头之间。阳明，阳明脉，《黄帝内经·素问·阳明脉解》："阳明者，胃脉也。"胃气，胃中水谷之气。

⑦两目皆为肝……专谓之肝也：两眼都属于肝经，而细究起来，上眼皮属于脾经，下眼皮属于胃经，眼大角属于心经，眼小角属于小肠经，眼白属于肺经，眼珠属于肝经，瞳孔则属于肾经，实际上是五脏精华所聚之处，而不能只认为属于肝经。

⑧ 鼻孔为肺……亦肾也：鼻孔属于肺经，两颐属于肾经，耳门之前属于胆经，耳后高骨也属于肾经。颐，下巴两侧。

⑨ 鼻为中央之土……中气之主也：鼻是中央土位，土是万物资生之源，（所以鼻）实在是中气产生的主导者。

⑩ 人中为血气之会……为至要之所：人中是血与气交汇的地方，气血从这里上冲印堂，达于天庭，所以人中也是极为重要的地方。人中，即人中穴，位于鼻下，上唇正中的纵形凹沟正中近上方处。

⑪ 两唇之下……亦肾经位也：两唇的下面为承浆穴，承浆穴的下面为地阁，地阁与天庭上下对应，也是肾经经过的地方。地阁，下颔。

⑫ 领顶颈项者……为周身之要领：从后领经脖颈到头顶这一块，是五脏经脉经过的通道，是气血总汇之处。前面的气管、食管、颈动脉等，是食气出入的通道，后面的颈椎管是肾气升降的通道。肝气经过时左旋而上，脾气经过时右旋而上。其关系更加重要，是全身的要领所在。食气，当指呼吸及水谷之气。肾气，由肾精化生之气。由之，经过它。

⑬ 两乳为肝……肾是也：两乳属于肝经，两肩属于肺经，两肘属于肾经，四肢属于脾经，两背及两条胳膊都属于脾经，而十指则分别属于心、肝、脾、肺、肾各经。

⑭ 膝与胫……为肾穴：膝与小腿胫骨都属于肾经，两脚跟是肾经的重要部位，涌泉穴是肾穴。涌泉，即涌泉穴，位于足底中部。

⑮ 大约身之所系……厚处皆为脾：大体上身体各部所从属的经脉，凸起的地方属于心经，凹陷的地方属于肺经，有骨突出的地方都属于肾经，筋联结的地方都属于肝经，肉厚的地方都属于脾经。

⑯ 象其意……快如风：揣摩其意，则心气一动，出势像虎一样猛；肝气一动，出手像箭一样快；脾气一动，力大无穷；肺气一动，变化最灵；肾气一动，进退像风一样疾。

按：“肝经之位最灵变”，疑当为“肺经之位最灵变”。

⑰ 其为用也，用其经：五脏之气在武术上的运用，主要是运用相应的经脉。

⑱举凡身之所……所能为者也：凡是身上属于某经的部分，终究不能不着意。这在于练习者自行体认，而不是笔墨所能完全描写清楚的。举凡，凡是，大凡。当局者，下棋的人，这里指练习者自身。

⑲至于生克制化……自有统会：至于拳术上的相生、相克、相互制约和转化，虽然另有专论，但穷究其要领，自有其贯通和集中起来的大纲。

⑳五行百体……而为之哉：全身上、下、左、右、前、后、内、外，总合起来是一个整体，何必过于明确何处属于何经，（然后）一节一节地去讲求呢？五行百体，指整个身体。四体，四肢。三心，当指手心、脚心、本心。奚必，何必。

第六章　六要论[1]

心与意合，意与气合，气与力合，内三合也。[2]手与足合，肘与膝合，肩与胯合，外三合也。[3]此为六合。左手与右足相合，左肘与右膝相合，左肩与右胯相合，右之与左亦然[4]。以及头与手合，手与身合，身与步合，孰非外合[5]？心与眼合，肝与筋合，脾与肉合，肺与身合，肾与骨合，孰非内合？岂但六合而已哉[6]？然此特分而言之也[7]，总之[8]一运而无不动[9]，一合而无不合[10]，五形百骸[11]，悉[12]用[13]其中矣。

注　释

① 六要论：本章讲“六合”。

② 心与意合……内三合也：以心生意，以意使气，以气催力，使心、意、气、力合成一个整体，这叫作“内三合”。

③ 手与足合……外三合也：前手与前足上下对齐，前手与后足前后贯通，肘与膝、肩与胯也是如此，则手与足、肘与膝、肩与胯合成一个整体，这叫作“外三合”。

④ 右之与左亦然：右手与左足、右肘与左膝、右肩与左胯也要相合。

⑤孰非外合：哪一种不是外合？孰，谁，什么。合，贯通，整合。

⑥岂但六合而已哉：难道只是六合而已吗？岂，难道。但，只。

⑦然此特分而言之也：然而这不过是分开来讲。特，只，仅。

⑧总之：总而言之，总起来讲。

⑨“一运而无不动”是说“贯通”。“运”，应为“动”。

⑩“一合而无不合”是说“整合”。

⑪五形百骸：五脏和所有骨节，这里指全身上下内外。百骸，百骨节。骸，骨。“五形”，应为“五行”，借指五脏。

⑫悉：尽。

⑬用：当为“在”。

第七章　七要论[1]

头为六阳之首，而为周身之主，五官百骸，莫不惟此是赖，故头不可不进也。[2] 手为先行，根基在膊。膊不进，而手则却而不前矣，此所以膊贵于进也。[3] 气聚中脘，机关在腰。腰不进，而气则馁而不实矣，此所以腰贵于进也。[4] 意贯周身，运动在步。步不进，而意则堂然无能为矣，此所以步必取其进也。[5] 以及上左必须进右，上右必须进左，其为七进，孰非所以着力之地欤？[6] 而要之，未及其进，合周身而毫无关动之意；一言其进，统全体而俱无抽扯游移之形。[7]

注 释

① 七要论：本章讲“七进”。即头、左肩、右肩、左腰、右腰、左步、右步，共七进。

② 头为六阳之首……不可不进也：头是六阳脉汇聚的最高处，又是一身的主宰，全身五官百骸的活动无不依赖于头，因此（在进攻时）头不可以不向前进。

③ 手为先行……膊贵于进也：手是人身的先行官，它的根基在肩。肩

不前进，手就会退避而不前进，这就是（在进攻时）肩贵在前进的缘故。膊，膀子。却，退避，退却。贵于进，贵在前进。

④气聚中脘……腰贵于进也：气聚集在中脘部位，（以气催力的）机关在腰。腰不前进，气就会馁弱而不充足，这就是腰贵在前进的缘故。中脘，穴位名，在脐上。馁，饥饿，引申为丧气，萎靡不振。《孟子·公孙丑上》："其为气也，配义与道，无是，馁矣。"

⑤意贯周身……步必取其进也：意要贯注全身，但是人体的移动依靠步。步不前进，意就会干着急而不起作用，这就是步必须用它的前进功能的缘故。堂然，当为"瞠然"，惊视貌。

⑥以及上左……着力之地欤：还有要上左步，必须先进右步作为铺垫；要上右步，必须先进左步作为铺垫。共为七进，哪一"进"不是应该着力的地方呢？

⑦而要之……俱无抽扯游移之形：而总的来说，在还没有要进的时候，全身一点都没有乱动的意图；一说要进，则全身完全没有抽扯不动和游移不定的表现。关动，发动。抽扯，向后退缩。游移，左右妄动。

第八章　八要论[1]

身法维何？纵、横、高、低、进、退、反、侧而已。[2]纵则放其势，一往而不返；[3]横则裹其力，开拓而莫阻；[4]高则扬其身，而身若有增长之势；[5]低则抑其身，而身若有攒捉之形；[6]当进则进，殚其身而勇往直冲；当退则退，领其气而回转伏势；[7]至于反身顾后，后即前也；侧顾左右，使左右无敢当我。[8]

而要非拘拘焉为之也。[9]必先察人之强弱，运吾之机关。[10]有忽纵而忽横，纵横因势而变迁，不可一概而推；[11]有忽高而忽低，高低随时以转移，不可执格而论。[12]时而宜进，故不可退而馁其气；时而宜退，即当以退而鼓其进。是进固进也，即退而亦实以赖其进。[13]若返身顾后，顾其后而以不觉其为后；侧顾左右，而左右亦以不觉其为左右矣。[14]

总之，机关在眼，变通在心，而握其要者，则本诸身。[15]身而前，则四体不令而行矣；身而却，则百骸莫不冥然而处矣。身法顾可置而不论乎？[16]

注 释

① 八要论：本章讲八种身法。

② 身法维何……侧而已：身法有哪些？纵放、横裹、高扬（按：即“起”）、低抑（按：即“落”）、前进、后退、返身、侧身而已。维何，是什么。

③ 纵则放其势，一往而不返：纵击时，要将蓄好的势能（按：即弹性势能加重力势能）全部释放出来，一点也不要保留。

④ 横则裹其力，开拓而莫阻：横击时，先要将力裹住，再拓展开击敌，使敌不能阻挡。

⑤ 高则扬其身，而身若有增长之势：起高时，要将身扬起来，使自身好像有加长的趋势。

⑥ 低则抑其身，而身若有攒捉之形：落低时，要压住身体，使全身凑聚，好像有捕捉猎物的样子。抑，压制。攒，音 cuán，聚集，集中。捉，捕捉。

⑦ 当进则进……而回转伏势：应当前进时就果断前进，调动全身勇敢地往前直冲；应当后退时，就及时后退，将全部的气势干净利索地收回，迅速处于蓄势状态。殚，竭尽。领，率领。伏势，犹“蓄势”。

⑧ 至于反身顾后……无敢当我：至于反转身对付后面的敌人时，“后面”就变成了“前面”；侧转身对付左右两侧的敌人时，（左面或右面就变成了前面）要使左右两侧无人敢于抵敌我。

⑨ 而要非拘拘焉为之也：而总之不是要拘泥于某一种身法去做。（而是要灵活机动地运用各种身法。）

⑩ 必先察人之强弱，运吾之机关：必须先看清对方的强弱，再运使我方的计谋。机关，心机，计谋。

⑪ 有忽纵而忽横……不可一概而推：有时忽而纵击、忽而横击，纵击、横击要根据对方（或双方）的形势而变化转移，不能拿一个固定的标准去推定。一概，一个标准。

⑫ 有忽高而忽低……不可执格而论：有时忽而起高、忽而落低，高低

要随着时机来转变，不能用一种不变的规格来判断。

⑬ 时而宜进……亦实以赖其进：当时机适宜前进的时候，固然不能后退从而自馁其气；当时机适宜后退的时候，就应当以暂时的后退来促成下一步的前进。这样说来，前进固然是前进，而即便是后退，也实际上是要靠它促成下一步的前进。故，通“固”，本来。

⑭ 若返身顾后……不觉其为左右矣：（至于）像反转身对付后面的敌人，而那个“后”也不觉得它是后了；侧转身对付左右的敌人，而那个“左右”也不觉得它是左右了。本句中两个“以”字，均当为“亦”。

⑮ 总之……则本诸身：总而言之，触发的机关在于眼的观察，随机应变的应对在于心的谋虑，而掌握胜败关键的则在于以身法为根本。要，要领，关键。

⑯ 身而前……置而不论乎：身一前进，则四体百骸不用命令就跟着前进了；身一后退，则四体百骸没有一处不悄悄地跟着后退。（如此说来）身法反而可以放到一边不加以讨论吗？顾，反而，却。

第九章　九要论[1]

今夫五官百骸主于动，而实运以步。步乃一身之根基，运动之枢纽也。[2] 以故应战对敌，皆本诸身；而实所以为身之砥柱者，莫非步。[3] 随机应变在于手，而所以为手之转移者，以在步。[4] 进退反侧，非步何以作鼓荡之机？抑扬伸缩，非步何以示变化之妙？[5] 所谓“机关者在眼，变化者在心”。而所以转弯抹角，千变万化，而不至于窘迫者，何莫非步为之司令欤？[6]

而要非勉强以致之也。[7] 动作出于无心，鼓舞出于不觉。身欲动，而步以为之周旋；手将动，而步亦早为之催逼。[8] 不期然而然，莫之躯而躯。[9] 所谓“上欲动而下自随之”者，其斯之谓欤？[10] 且步分前后，有定位者步也；然而无定位者，以为步。[11] 如前步进焉，后步随焉，前后自有定位。若以前步作后，后步作前；更以前步作后之前步，后步作前之后步，则前后亦自然无定位矣。[12]

总之，拳以论势，而握要者为步。活与不活，以在于步；灵与不灵，以在于步。步之为用大矣哉！[13]

注 释

① 九要论：本章主要讲“步法的重要性”。

② 今夫五官百骸……运动之枢纽也：（在交手实战中）全身各部分都要以动为主，但它们实际上都是由步运载的。步乃是一身的根基，运动的枢纽。

③ 以故应战对敌……莫非步：因此在应战对敌时，千变万化的技击动作都是从身上发出的，而在实际上作为身体的砥柱的，没有一次不是步。砥柱，即砥柱山，在河南三门峡市北黄河中。这里是说，步是身的支撑和运载工具。

④ 随机应变……以在步：随机应变在于手法，而带着手移动的，也在于步。“以”，应为“亦”。

⑤ 进退反侧……示变化之妙：（在前面讲到的八种身法中）前进、后退、反转身、侧转身，要不是步，拿什么作为鼓动激荡的机关？低抑、高扬、纵伸、横裹，要不是步，拿什么显示变化的巧妙？

⑥ 所谓……步为之司令欤：（前面）说到“触发的机关在于眼的观察，随机应变的应对在于心的谋虑”。但是之所以能够转弯抹角，千变万化，使自身的处境不至于窘迫（而能够正常地发挥眼和心的作用）的，哪一次不是步为它掌管发令？

⑦ 而要非勉强以致之也：而总的来说，步法不是勉强得到的。

⑧ 动作出于无心……亦早为之催逼：手的动作在无心无意中做出来，身的鼓舞在不知不觉中进行。身将要动，而步已经在为它周旋准备；手将要动，而步也早已在为它催逼。

⑨ 不期然而然，莫之躯而躯：（步法对身法、手法的配合与支持）不想得那样完美却那样完美，没有刻意用步法去驱动却自己去驱动了。“躯”，应为“驱”。

⑩ 所谓“上欲动而下自随之”者，其斯之谓欤：（第一章 一要论）所说的“上节要动而下节自然跟随”，就是讲的这个意思吧。

⑪ 且步分前后……以为步：且步分前脚、后脚，两脚有定位的是步；然而两脚没有固定位置的，也是步。“以”，应为“亦”。

⑫ 如前步进焉……自然无定位矣：比如前脚前进，后脚跟随前进（仍在后），则前脚、后脚自有定位。如果前脚退到后脚之后变作后脚，或后脚进到前脚之前变作前脚；甚至连进两步或连退两步，则前脚又位于后脚的前面，后脚又位于前脚的后面，如此则脚的前后也就自然没有定位了。

⑬ 总之……步之为用大矣哉：总而言之，出拳要讲究身法架势，而掌握技击关键的是步。手法的活与不活，在于步法的活与不活；身法的灵与不灵，也在于步法的灵与不灵；步法的作用很大啊！

心意要诀[①]

捶名心意，心意者，意自心生，拳随意发。[②]总要知己知人，随机应变；心气一发，四肢皆动。[③]足起有地，膝起有数，动转有位；合膊望胯，三节对照。[④]心、意、气，内三相合；拳与足合，肘与膝合，肩与胯合，外三相合。[⑤]手心、足心、本心，三心一气相合。[⑥]

远不发手，捶打五尺以内、三尺以外。[⑦]不论前、后、左、右，一步一捶。[⑧]发手以得人为准，以不见形为妙；[⑨]发手快似风箭，响如雷崩。[⑩]出没遇象园，如生鸟入群笼之状；单敌，似巨炮推薄壁之势。[⑪]骨节带势，踊跃直吞。[⑫]

未曾交手，一气当先；既入其手，灵动为妙。[⑬]见孔不打，见横打；见孔不立，见横立。[⑭]上中下总气把定，身足手规矩绳束。[⑮]既不望空起，亦不望空落。[⑯]

精明灵巧，全在于活。[⑰]能去能就，能柔能刚，能进能退。不动如山岳，难知如阴阳；无穷如天地，充实如太仓；浩渺如四海，炫曜如三光。[⑱]察来势之机会，揣敌人之短长。[⑲]静以待动有法，动以处静。借法容易上法难，还是上法最为先。[20]交勇者不可思误，思误者寸步难行。[21]起如箭攒落如风，[22]隈催烹绝手搂手。[23]皆合暗迷中，由路如闪电。[24]

注 释

①标题为校注者所加，以下一段文字一般称为"心意要诀"。

②捶名心意……拳随意发：（这种）拳术叫作"心意拳"，"心意"就是意由心产生，拳随意的指挥发出。

③总要知己知人……四肢皆动：总的来说，要既了解自己，又了解对方，在实战中随机应变，心、意、气一发动，全体一起动作。

④足起有地……三节对照：足、膝的起落及身的动转都有方位和尺度，两肩扣合并向两胯松沉，上中下三节要相互对准、相互照应。

⑤心、意、气……外三相合：要同时做到内三合与外三合。

⑥手心……一气相合：即手心回缩、足心悬空、本心虚灵，三心一气贯通。

⑦远不发手……三尺以外：与对方相距过远时不要发手打击对手，拳打五尺以内、三尺以外这个范围。

⑧不论前、后、左、右，一步一捶：不论正面向前，还是转身向后、侧身向左右，发拳时要一步一拳。

⑨发手以得人为准，以不见形为妙：发手以将人击中、击垮为准，以不见形迹为妙。

⑩发手快似风箭，响如雷崩：发手要快得像风吹箭飞，同时吐气发声，响如雷炸。

按：古人习惯以如风、如箭形容快，如《孙子兵法·军争第七》："故其疾如风，其徐如林，侵略如火。"又如《吕氏春秋·贵卒（cù）》："力贵突，智贵卒。得之同则速为上，胜之同则迟为下。所为贵骥者，为其一日千里也。所为贵镞矢者，为其应声而至。"

又按："响如雷崩"即"雷声"。

⑪ 出没遇象园……似巨炮推薄壁之势："象园"两字的繁体与"众围"的繁体字形接近，疑为"众围"之误。凌善清《形意五行拳图说》(以下简称"凌本")所附《岳武穆形意拳要论》为"出没如兔，亦如生鸟之投林。应敌似巨炮推薄壁之势。"《太极拳·用武要言》为"出遇众围，如生龙活虎之状；逢击单敌，似巨炮直轰之势。"几相结合，这两句似当为"出遇众围，若生鸟入群笼之状；逢击单敌，似巨炮推薄壁之势。"意思是说，"出外遭遇众敌包围时，要像生鸟刚放入群笼，左冲右突，以突围为第一要事；若是遭遇单个敌手，则要以我的整劲优势迅速击垮对方，就像用巨炮轰击薄薄的墙壁一样。"生鸟，当指刚捕捉到还没有驯服伏笼的鸟，这是相对于"熟鸟"而言。群笼，当即"群鸟笼"，能同时关多只鸟的笼子。

⑫ 骨节带势，踊跃直吞：交手时，骨节带着整体的冲势，踊跃向前，直吞对手。

⑬ 未曾交手……灵动为妙：还没交手，就先在气势上领先；一经交手，则要灵活变化，追踪敌人的弱点，一气打垮。

⑭ 见孔不打……见横立：看见空当不打，看见横面打；不要对着空当立势，要对着横面立势。

⑮ 上中下总气把定，身足手规矩绳束：上、中、下三节要根据一气贯穿的要求把持住，身、手、足各部要按照六合的规矩约束好。

⑯ 既不望空起，亦不望空落：身手足既不要向着空处起，也不要向着空处落。

⑰ 精明灵巧，全在于活：心意的精明，手法的灵巧，全在于身法、步法的灵活。

⑱ 能去能就……炫曜如三光：既能迅速地脱离对方，又能敏捷地接近对方；既能用柔劲顺遂化解对方的打击，又能发出刚劲打击对方；既能适时进攻，又能及时退却。坚守时像山岳一样不可撼动，自己的意图像天气的阴晴变化一样使对方难于测知。其打法像天地万物那样变化无穷，其内劲就像国家的粮库里储藏的粮食那样充足。其气势像四海广阔无边，其光

彩像日月星一样炫目。去，离开。就，接近。柔，柔软。刚，坚硬。太仓，古代设在京城中的大谷仓。浩渺，广阔无边貌。炫曜，光彩夺目。

⑲ 察来势之机会，揣敌人之短长：谨察对方来势的机会，默揣对方实力的长处和短处。

⑳ 静以待动有法……还是上法最为先：这两句将“有法”两字去掉后，为“静以待动，动以处静。借法容易上法难，还是上法最为先”。这时逻辑更加贯通，意思是：在交手时要以静待动，敌不动，我不动；敌微动，我先动。但在动起来后，仍要处之以静（即身动而心静）。借法容易学会，上法难于做到，所以还是要把上法摆在最优先的位置。

按：借法只是上法的条件，上法才是决胜的关键，而上法需要六合整劲，整劲的上身是很难的。

㉑ 交勇者不可思误，思误者寸步难行：在与敌交手较勇时，要一心赴敌，不可有各种顾虑杂念；一有杂念，寸步难行。

㉒ 起如箭攒落如风：起要快如箭攒，落要快如风吹。起，发动。落，打出。

㉓ 隈催烹绝手搂手：此句不可解。凌本此句为“手搂手兮向前攻”。

㉔ 皆合暗迷中，由路如闪电：不可解。凌本为“举动暗中自合，疾如闪电在天”。

两边拙防，左右反背，如虎搜山。[①] 斩捶勇猛不可挡，斩梢迎面取中堂；抢上抢下势如虎，好似鹰鹞下鸡场。[②] 翻江倒海不须忙，丹凤朝阳才为强；[③] 云背日月天地变，武艺相争见短长。[④] 步路寸，开把尺，劈面就去；上右腿，进左步，此法前行。[⑤]

进人要进身，身手齐至是为真；[⑥] 发中有绝何从用？解明其意妙如神！[⑦] 鹞子钻林麻着翅，鹰捉四平足存身；[⑧] 取胜四梢要聚齐，不胜必因合射心。[⑨] 计谋施运化，霹雳走精神；心毒称上策，手眼方胜人。[⑩]

何谓闪，何谓进？进即闪，闪即进，不必远求；何谓打？何谓顾？顾即打，打即顾，发手便是。[11]心如火药拳如子，灵机一动鸟难飞；身似弓弦手似箭，弦向鸟落见神奇。[12]起手如闪电，闪电不及合眸；打人如迅雷，迅雷不及掩耳。[13]

五道本是五道关，无人把守自遮栏。[14]左腮手过，右腮手去；右腮手过去，左腮手来。两手束拳迎面出，五关之门关得严。[15]拳从心内发，向鼻尖落；从足下起，足起快向心火作。[16]五行金木水火土，火炎上而水就下；我有心肝脾肺肾，五行相推无错误。[17]

注释

① 两边挝防……如虎搜山：当指对付左右或后面之敌的方法和招式。挝，音 zhuā，同“抓”。此句另一版本为“两边提防，左右反背，如虎搜山。”又，《形意拳谱·六合拳论》：“望眉斩夹反见背，如虎搜山截手炮。”又，下文“交手法”：“剪子股，望眉斩，加上反背，如虎搜山。”

② 斩捶勇猛不可挡……好似鹰鹞下鸡场：斩捶气势勇猛，不可阻挡，使用时先后斩击对方的梢节、迎击对方的面部、劈击对方的胸部，冲上斩下，其势如虎，又像鹰鹞冲下鸡群。斩捶，招式名，当为先向前上冲击，再向前下斩击。中堂，本指厅堂的正中，这里当指身前的正中部位。

③ 翻江倒海不须忙，丹凤朝阳才为强：对方气势汹汹，翻江倒海而来，我方不必慌忙，只需迎上去使用“丹凤朝阳”的招式，即可击破对方。

④ 云背日月天地变，武艺相争见短长：二人相斗一见输赢，应当首先以手扑击遮蔽对方双眼，使对方感到天昏地暗。云，当指手掌。背，当即“蔽”。日月，当指双眼。天地变，据 1922 年版，为“天地交”，指二人交手。

按：这是讲以“丹凤朝阳”破“排山倒海”的原理。

⑤ 步路寸……此法前行：步要寸进（进寸），把要尺开（开尺），照脸就打去。无论上右腿，还是进左步，都按此法往前进击。劈面，正对着脸。

⑥进人要进身，身手齐至是为真：在进攻对方时，要进身为先，能够身手足齐到才是心意拳的真传。

⑦发中有绝何从用？解明其意妙如神：催发之中加上抖绝劲的方法如何使用？弄明白其中的道理会产生神奇的效果。

⑧鹞子钻林麻着翅，鹰捉四平足存身：起时要干净利落就像鹞子束翅钻林，不被树枝树叶挂着翅膀；落时手足朝四面均平展开，沉身抓採，就像老鹰捉物，足下存身。

按：凌本此句为"鹞子钻林莫着翅，鹰捉小鸟势四平"。

⑨取胜四梢要聚齐，不胜必因合射心：进攻要取胜，必须四梢聚齐；若进步不胜，一定是因为我方有惧敌之心。四梢聚齐，即发欲冲冠、舌欲摧齿、齿欲断筋、甲欲透骨一齐做到。合射心，当为"寒势心"，即"寒心"，战栗、恐惧之意。《形意拳谱·六合拳论》："进步不胜，必有寒势（敌）之心。"

⑩计谋施运化……手眼方胜人：运用计谋，施展变化，提起精神，像霹雳一样打击对手。心狠才称得上是上策，手疾眼快才能胜人。

⑪何谓闪……发手便是：什么叫闪？什么叫进？进就是闪，闪就是进，不需要舍近求远；什么叫打？什么叫顾？顾就是打，打就是顾，一发手二者兼有。

⑫心如火药……鸟落见神奇：心如火药拳如子弹，枪机一动鸟难飞走，心意一动敌难逃；身似弓弦拉满，手似箭搭弦上，弓弦一振鸟射落，我身一抖敌打翻。弦向，当为"弦响"。

⑬起手如闪电……迅雷不及掩耳：起手接敌快如闪电，闪电之快，"唰"的一下，使人来不及闭上眼睛；落手打人疾如迅雷，迅雷之疾，"嘎"的一声，使人来不及捂住耳朵。

⑭五道本是五道关，无人把守自遮栏：内外五行本来就是五个要塞，它们本身不能自己把守，需要手脚来遮拦。五道，当为"五行"，指内五脏和外五官。遮栏，遮蔽，阻拦。栏，应为"拦"。

⑮左腮手过……五关之门关得严：对方打我面部时，如果从左腮让过

对方的手，则我的手同时从右腮处打过去，还击对方面部或胸部；如果从右腮处让过对方的手，则我的手从左腮处打出。总之，要沉肩、垂肘、收颏，两手迎面出入，这样，在打击对手的同时，将自己的内外五行这五道关的关门关得严严实实，即将自己的头面、咽喉、胸腹肋等要害之处置于手臂的严密保护之下。

⑯ 拳从心内发……向心火作：拳从心口部位发出，打向鼻尖正前；劲从足下涌起，足催身进快如风。以上都来源于心火的发作，即心意的一动。

按：凌本这几句为“拳从心内发，向鼻尖落；足从地下起，足起快时心火作”。

⑰ 五行金木水火土……五行相推无错误：五行包含金、木、水、火、土，火炎上、水就下等，五行各有其性；我身也有心、肝、脾、肺、肾，心为火性，肝为木性，脾为土性，肺为金性，肾为水性；在心意拳中，用五行相生相克的理论进行研究和演习、使用是没有错误的。

按：这四句是总结“心意要诀”全文。

第十章 交手法

占右进左，占左进右；发步时足根先着地，脚以十趾抓地。[1]步要稳当，身要庄重，捶沉实而有骨力。去是撤手，着人成拳。[2]用拳要卷紧，用把把有气。[3]上下气要均停，出入以心为主宰，眼手足随之去。[4]不贪、不歉，不即、不离；肘落肘窝，手落手窝。[5]右足当先，膊尖向前，此是换步。[6]拳从心发，以身力催手[7]。手以心把，心以手把；进人进步，一步一捶。[8]

一支动，百支俱随，发中有绝。[9]一握浑身皆握，一伸浑身皆伸；伸要伸得进，握要握得根。如卷炮，卷得紧，崩得有力。[10]不拘提打、按打、烘打、旋打、斩打、冲打、镑打、肘打、膊打、胯打、掌打、头打、进步打、退步打、顺步打、横步打以及前、后、左、右、上、下百般打法，皆要一气相随。[11]

出手先占正门，此之谓巧。[12]骨节要对，不对则无力。[13]手把要灵，不灵则生变。[14]发手要快，不快则迟误。[15]举手要活，不活则不快。[16]打手要跟，不跟则不济。[17]存心要毒，不毒则不准。[18]脚手要活，不活则担险。[19]存心要精，不精则受愚。[20]发作要鹰捉勇猛，外皮胆大；机要熟运，还勿畏惧迟疑[21]。心小胆大，面善心恶。静似书生，动如雷发。[22]

注 释

①占右进左……以十趾抓地：这是讲交手的开始。根据双方占据的位置，从我方的站位直接向对方的中心（重心）发动短平快的进攻，进行夺位，而不必再绕弯、周旋，刻意调整站位、寻隙而进。进步时，前脚脚跟先着地，紧接着全脚着地并十趾抓地。

②步要稳当……着人成拳：步要稳进，身要中正庄严，拳要沉着实在且要有骨的刚性。手在打去时自然张开，着人时攥成拳（按：这样节能高效，力量集中）。撤手，当为“撒手”。

③用拳要卷紧，用把把有气：用拳时，拳要在着人一瞬间卷紧；用把时，每一把要贯足气力。把，形（心）意拳把用手掌打、劈、抓、採称为用“把”，如拳谱说“把把不离鹰抓”。

④上下气要均停……眼手足随之去：身的上部、下部及气的呼吸要平均妥帖，手的出入要以心意为主宰，眼、手、足按着心意的支配发挥作用。

⑤不贪、不歉……手落手窝：出势用力不贪多、不欠缺，我与对方不粘着、不脱离；肘落在肘窝，手落在手窝，（肩落在肩窝）。

按：即手腕、肘、肩关节既不过分牵扯，也不过分挤压，又不过分斜错，始终保持在舒适、适中、灵活裕如的状态。

⑥右足当先……此是换步：此句当有缺文，义不明。

⑦拳从心发，以身力催手：拳从心口处发出，以身力催动手的进击。

按：以身力催手，即腰催肩，肩催肘，肘催手。

⑧手以心把……一步一捶：手的攻防用心意来把持，心意的指令用手的触觉来校正。（按：“手以心把，心以手把”当指“心手相应”。）进攻对方必须进步，进一步，打一拳。（按：此即以步催身，以身催拳。）

⑨一支动……发中有绝：打人的一节一领动，则全身各节都跟着动，

催发劲之中加上抖绝劲。

⑩ 一握浑身皆握……崩得有力：一收拢全身都一起收拢，一伸展全身都一起伸展；伸要尽量伸开，收要尽量收紧。就像卷炮仗，卷得紧，则点炮时崩得有力。

按：伸要伸得进，当为“伸要伸得尽”。

⑪ 不拘提打……皆要一气相随：不论提打、按打等各种打法，都要做到：打人的一节一领动，全身各节一起跟随。不拘，不论。膊打，肩打。

⑫ 出手先占正门，此之谓巧：出手先占据对方的正门位置，这叫作巧。

⑬ 骨节要对，不对则无力：前后骨节要对准，不对准则没有支撑力。

⑭ 手把要灵，不灵则生变：与对方接手，手把要触觉灵敏，不灵敏则不能应付对方的变手。

⑮ 发手要快，不快则迟误：一旦得机得势，发手一定要快，不快则由于迟慢而贻误战机。

⑯ 举手要活，不活则不快：起手要活，不活则变化不快。

⑰ 打手要跟，不跟则不济：打击对手时，身步要紧跟打击手，身步不紧跟则不济事（按即打上也无效）。

⑱ 存心要毒，不毒则不准：存心要狠，不狠则打不准。

⑲ 脚手要活，不活则担险：脚手要随时保持灵活，不灵活则有被击中的风险。

⑳ 存心要精，不精则受愚：存心要精明，不精明就会被他人的假象所欺骗。

㉑ 发作要鹰捉勇猛……还勿畏惧迟疑：发拳作势要泼辣大胆，像鹰捉虎扑一样勇猛；既要熟运机谋，又不能畏惧迟疑。

按：外皮胆大，当为“泼皮胆大”。

㉒ 心小胆大……动如雷发：心要细，胆要大，表情要自然，内心要狠毒。静如文弱书生，动如迅雷爆发。

人之来势，以当审察[①]：脚踢头歪，拳打膊体；窄身进步，仗身起发；斜行换步，拦打倒身，抬腿伸发。脚指东顾，须防西杀，上虚下必实著。跪敲指不胜屈，灵机自揣摩。[②]“手急打手慢”，俗言即是，其真的确。[③]

起望落，落望起，起落要相随，身手齐到是为真。[④]剪子股，望眉斩，加上反背，如虎搜山。[⑤]三尺罗衣挂在无影树上。[⑥]起手如闪电，打下如迅雷。[⑦]雨行风，鹰捉兔，鹞钻林。鸡摸鹅，摸塌地。[⑧]起手时，三心相对。[⑨]不动如书生，动之如龙虎。[⑩]

远不发手打，双手双心打。[⑪]右来右迎，此为捷取。[⑫]远了便上手，近了便加肘；远了便脚踢，近了便加膝；远近宜知。[⑬]拳打踢，膀头歪，把势审人。[⑭]

能叫一思进。[⑮]有意莫带形，带形必不赢。[⑯]捷取入法，审顾地形，拳打上风。[⑰]手要急，足要轻，把势走动如猫行。[⑱]心要正，目聚精，手足齐到定要赢。[⑲]若是手到步不到，打人不得妙；手到步也到，打人如拔草。[⑳]上打咽喉下打阴，左右两肋在中心；前打一丈不为远，近者只在一寸间。[㉑]身动时如崩墙倒，脚落时如树栽根，手起时如炮直冲。[㉒]

注 释

① 人之来势，以当审察：对方的来势，也要仔细地察看。以，当为“亦”。

② 脚踢头歪……灵机自揣摩：脚踢头必歪，拳打肩必动；窄身必是进步，伏身定要起发；斜行必先换步，拦打必先掉身，抬腿必然伸发。对方眼神往东，须防他从西杀来；对方手在上面虚晃，下边一定会着实打来。凡此种种，推敲起来，多得指不胜屈，其中的灵机要靠自己积累揣摩。拳

打膊体，当为“拳打膊作”。仗身起发，当为“伏身起发”。脚指东顾，疑当为“东顾”，“脚指”两字疑衍。跪敲，当为“推敲”。

③“手急打手慢”……其真的确：“手快打手慢”，这句俗话说的对，的确如此。

④起望落……身手齐到是为真：起跟随着落，落跟随着起，起落要紧相跟随，身手足要齐起齐落。望，前后相望，这里指前后相随。是，这。

⑤剪子股……如虎搜山：剪子股势、望眉斩势，加上反背捶（拳），就像猛虎在山中来回搜捕猎物。剪子股、望眉斩、反背捶，都是形（心）意拳招式名。《形意拳谱·六合拳论》：“望眉斩夹反见背，如虎搜山截手炮。”“抢上抢步十字立，剪子股势如擒拿。”股，腿。望，望着，向着。

⑥三尺罗衣挂在无影树上：立身中正不偏，内心虚灵不昧，应敌因敌，恰到好处。就像三尺长的罗衣挂在无影树上，随风飘动，与风力、风向恰好相应。

⑦起手如闪电，打下如迅雷：意同“心意要诀”中“起手如闪电，闪电不及合眸；打人如迅雷，迅雷不及掩耳。”

⑧雨行风……摸塌地：行如疾风骤雨（快），落如老鹰捉兔（猛），起如鹞子钻林（无挂碍）。鸡摸鹅，摸塌地，这两句义不明。

⑨起手时，三心相对：起手时，手占中线，脚踏中门，以自己之中正对对方之中，手心、足心、本心，三心相对。

⑩不动如书生，动之如龙虎：不动时如书生一样文静，一动时如龙虎一样灵活猛烈。

⑪远不发手打，双手双心打：双方相距较远，不要发手打他；双手护住自己中线，等待对方接近。

按：“双手双心打”义不明，凌本为“双手护心旁”。

⑫右来右迎，此为捷取：对方从左边打来，我方就向左边迎上去还击；对方从右边打来，我方就向右边迎上去还击。这是走捷径的取敌之法。

按：这是接上句，双方相距较远时，我不主动发手，而是护住自己要害，等待对方进攻。然后，随对方的来势和来的方向，直接迎击对方，不走远路、弯路。

又按：此句当缺“左来左迎”四字。

⑬ 远了便上手……远近宜知：在迎击对方时，我方要避实就虚，切入对方的攻势。若切入到一臂、一腿距离，则用手打或（和）脚踢迎击对方；若切入到半臂、半腿距离，则用肘打或（和）膝打迎击对方；若切入到更近距离，则用肩打或（和）胯打迎击对方。这种一步之内的远近不同打法要搞清。

⑭ 拳打踢……把势审人：此句当有缺文。参考别本，此句疑当为“拳打脚踢，膀作头歪，把势审人。”意为“拳打膀必动，脚踢头必歪，把握好自己的拳势，仔细观察和顺应对方的来势。（这样才能抢得先机，顺利地切入对方的攻势迎击对方。）”

⑮ 能叫一思进：当为“能叫一思进，莫叫一思存”，即要时时以进攻为念，不要只求保存自己；要顾打合一，不要单纯防御。

⑯ 有意莫带形，带形必不赢：我心中的攻击意图不要在外形上带出来，否则一定不会产生应有的效果。

⑰ 捷取入法……拳打上风：快速击败对手的方法，要仔细地察看地形，占据有利的位置。捷取入法，凌本为“捷取人法”。审顾，仔细察看。上风，即有利位置。

⑱ 手要急……如猫行：出手要急快，举步要轻灵，把势走动要像猫行平稳无声。把势，练把势的人，即练武之人。

⑲ 心要正……定要赢：心要平，胆要正，眼神要专注，怀着必胜的信心，身手足一齐扑上去。

⑳ 若是手到步不到……打人如拔草：如果只是手打到而步不到位，则打人不得其妙；如果是手打到的同时步也到位，则打倒人如同拔掉一棵草一样容易。

㉑ 上打咽喉下打阴……近者只在一寸间：上打咽喉头面，下打对方裆部，左右打对方的两肋，中间打对方的当心；往前将对方打出一丈也不算远，近的只在一寸之内将对方击垮。

㉒ 身动时如崩墙倒……如炮直冲：身一前冲，就像崩塌的墙倒下来，将全部的动能、势能释放给对方；脚一落地，就像树在土里扎下根，纹丝不能撼动；手一出击，就像炮弹出膛，不可阻挡。

身要如活蛇，击首则尾应，击尾则首应，击中节而首尾皆相应。[①] 打前要顾后，知进须知退。[②]

心动快似马，肾动速如风。[③] 操演时面前如有人，交手时有人如无人。[④] 起前手，后手紧催；起前脚，后脚紧跟。[⑤] 面前有手不见手，胸前有肘不见肘。[⑥] 如见空不打，见空不上；拳不打空起，亦不打空落。[⑦] 手起足要落，足落手要起。[⑧] 心要占先，意要胜人，身要攻人，步要过人。[⑨] 前腿似跏，后腿似镇。[⑩] 首要仰起，胸要现起，腰要长起，丹田要运气；自顶至足，要一气相贯。[⑪] 胆战心寒，必不能取胜；未能察言观色者，必不能防人，必不能先动。[⑫] 先动为师，后动为弟。[⑬] 能叫一思进，莫教一思退。[⑭]

三节要停，三尖要照，四梢要齐。[⑮] 明了三心多一力，明了三节多一方，明了四梢多一精，明了五行多一气。[⑯] 明了三节，不贪不歉，起落进退多变。[⑰] 三回九转是一势，总要一心为主宰。[⑱] 总乎五行，运乎二气。时时操演，勿误朝夕。“盘打时而勉强，工用久而自然。”诚哉是言，弃虚语哉？[⑲]

注 释

① 身要如活蛇……首尾皆相应：身要像常山之蛇，击头则尾还击，击尾则头还击，击中间则头、尾都还击。

按：《孙子兵法·九地第十一》：“故善用兵者，譬若率然。率然者，常山之蛇也，击其首则尾至，击其尾则首至，击其中则首尾俱至。”

② 打前要顾后，知进须知退：在打击前面的对手时，还要防备后面的对手；既懂得在该进的时候勇往直前，又懂得在该退的时候，暂时撤出。

③ 心动快似马，肾动速如风：心经之气发动，进步快似马奔；肾经之气发动，出手速如风吹。

按：本文第五章“五要论”：“心如猛虎，……，肾气一动快如风。”《形意拳谱·蹦躦法》：“内五行要动，外五行要随。”

④ 操演时面前如有人，交手时有人如无人：自我操练时，面前没有对手，要像有对手一样，把各种招式、劲力真切地表达出来；而在实战交手时，面对强手，要像进入无人之境，解放身心，将自己的所学所练尽情地加以发挥。

⑤ 起前手……后脚紧跟：前手一出，后手紧跟着出击；前脚一进，后脚紧接着跟进。

按：此句是讲进攻时身手足要紧凑精干，不可拖泥带水，以及要连续追击，一气呵成，不给对方喘息和反扑的机会。《形意拳谱·五行合一处法》：“宁要不是，莫要停住。”又，《形意拳谱·六合拳论》：“拳去一气，兵战杀气，无不取胜。”

⑥ 面前有手不见手，胸前有肘不见肘：对方的手向我面部打来，对方的肘向我胸部打来，我视如不见，以整体对局部，顾打合一，化打合一，闪进合一而击破之。

按：不见，不是真不见，而是“见如不见”，只把少部注意放在对方来手（肘）上，运用整体思维、立体思维来应对。

⑦ 如见空不打……亦不打空落：不对着明显的空档出手，不对着明显的空位上步；拳不向空处起，也不向空处落。打，往，向（着）。

按：这两句是说，出手起落都要向着对方的重心、中心、中线，上步要直抢对方之位。《形意拳谱·六合拳论》：“见空不打，见空不上，先打顾法后打人。”“手起不要往空落。”

⑧ 手起足要落，足落手要起：手起则足起，手落则足落；足落则手落，

足起则手起。手足要同起同落。

⑨ 心要占先……步要过人：心要领先对手，意要超过对手，身要冲撞对手，步要跨过对手。

⑩ 前腿似跏，后腿似镇：前腿似锁身之枷，后腿似镇身之石，两腿形成活动的“人”字形支撑结构。跏，疑当为“枷”。

⑪ 首要仰起……要一气相贯：进步发人时，后脚一蹬地，头要顶起来，胸要展起来，腰要长起来，丹田之气要运起来；从头顶到脚底，要一下子贯通。

⑫ 胆战心寒……必不能先动：胆战心寒，畏敌怯战，一定不能取胜；不能察言观色的，一定不能防备对方的突然袭击，也一定不能先发制人。

按：先动，不是指主动进攻，而是指我方的反应领先于对手的进攻动作，即“彼不动，我不动；彼微动，我先动”。

⑬ 先动为师，后动为弟：先动为师父，后动为徒弟。

⑭ 能叫一思进，莫教一思退：宁可考虑怎样进击，也不要考虑怎样退避。

⑮ 三节要停……四梢要齐：上、中、下三节的架势安排及劲力分配要均停；手尖、足尖、鼻尖，三尖要对齐在同一个前后竖直平面内；血梢、肉梢、骨梢、筋梢，四梢要一齐发动起来。

⑯ 明了三心多一力……明了五行多一气：明了了手心、足心、本心三心贯通，能多出一股力量；明了了三节之中梢节动、中节随、根节催，能多出一种方略；明了了惊起四梢，能多出一份精明；明了了五脏所主管的经络与拳法的关系，能多出一股中气。

⑰ 明了三节……进退多变：明白了三节及三节之中各有三节，还有梢节动、中节随、根节催的运动规律，不贪多、不欠缺，起、落、进、退、纵、横、反、侧，变化无穷。

⑱ 三回九转是一势，总要一心为主宰：身法的各种回环往复，无非是上下、内外贯通的一个整体；无论身法如何变化，总要以心为主宰。

⑲ 总乎五行……弃虚语哉：将各种拳法统括在五行之中，运使阴阳二

气；经常操练演习，早晚不误。“在天天盘打的过程中，有时候会觉得勉强不得劲；但是功久之后，拳法终会变得就像是我的本能一样自自然然。”这话说得真对呀，难道仅仅是一句空话吗？弃，当为“岂”。

形意拳術

1922年

上海中華
武術會贈

中報誌謝惠贈教門彈腿十一·四·十七

昨承吳志青君惠贈教門彈腿圖說一册，於彈腿之源流及方法、功用，附圖數百，表示彈腿之姿勢。在專門家視之，故可察其精奧；即普通人士閱之，亦得奉為規範。而悉心研究，由淺入深，有功中國武士道，誠非淺鮮，初未可以尋常體育教科書讀之焉！特誌數語，以誌謝忱云。

遠東運動會會務報中外人士贊美中國新體操及疊羅漢十·六·四

他們的表演，極博中外人士的贊美。因為他精神的活潑、操練的嫻熟和動作的整齊，在在可以令人稱贊。他們在很多外國人的面前，將本國國粹盡力表現出來，使外國人可以知道我國固有武術的真價值，真可謂為國增光了！現在東西洋人很重視我國的拳術，還望國人要群起保存才好呢！再，吳志青君所編的中國新體操，是參用心理學教育學、生理學作根據的，很可以采作學校教材的價值，也望國人提倡起來啊！

教門彈腿圖說定價七角　中國新體操定價一元　疊羅漢定價五角　形意拳定價三角

發刊形意拳初步宣言

人生最可憐最痛苦的莫過於身體柔弱精神萎靡。而最幸福的莫要於身體健全。而健全身體之法。有動靜二種。或專從事於筋肉之發達。或專爲精神上之修養。如靜坐法。可謂靜功之一種。而各種器械體操。及中國之棍劍石鎖雙石槓子等運動。則均屬動的。然二者均有流弊。常有因靜坐妄思而得精神病。因運動過度。而致減少聰明者。皆因不明體育原理之故也。近時代東西各文明國。均注重體育。已視爲一種科學。體育家研究結果。均謂精神與肉體。應同時鍛鍊。所謂平均發育。身心合一。修養人格等主張是也。如創制柔軟體操。卽本諸此理。但其體育之理論固是。而其術尚未盡善。頑軀孱弱多病。友人勸習拳。不久而漸覺轉健。如是恍然以中國之拳術。精神體魄。同時鍛鍊。實合於體育原理。竊以好勇武者。多椎魯無文。不能精研奧理。以導後學。而文人又不肯學習。惄焉憂之。乃於民國五年。與體育同學吳志青。創立武術會。號召四方同志。晨夕研究。聲譽日隆。又經全國教育會議決。請教部將吾國固有武術。實行加入學校正科。并立國技專修學校。廣造武士。初則在北四川路。宜樂里。租屋數楹。來學者。亦甚寥落。今則購地自建新屋。會員數千人。日習不懈。平日又派教師至男女各中小學校。實施傳授。卽纏足年老女者習之稍久。亦無困難。由此可知武術施於學校之有利無弊。而身體之健康。尤有特殊之效益也。設會之始。同人早知形意拳優點。南方無人提倡。深爲惜之。特函託奉天拳家。陳子正先生。物色教師二位。慨然允諾介紹。劉致祥。陳金闊。當時又在商務印書館俱樂部。發起國技研究會。一時加入晨習者。數十人。五年以來。幸無流弊。而棉薄之力。終不能使之發展。甚自愧也。今與會內外同志立願。以強一身者。強吾同胞。強同胞者。強吾國家。古人云。窮則獨善其身。達則兼善天下。予謂人生如欲保守率眞天性。淡泊態度。當不取功名利祿。掌生殺之權。擅作威福。以自快者。則必學崇尙俠德之風。普度衆生。方不虛度一世。吾將以此册風行宇內。而以武術同聲之求。雍鹿李劍秋先生。世傳妙術。嘗應清華學校之聘本以數載之經驗編成形意拳一册其高足弟子黃方剛君寄余刊以問世余讀之且喜且感就商於會中老同志朱勵公胡世朗汪九如陳勇三諸公設法出版同人以其法淺易學功效宏偉其意旨與生理心理符合其玄妙與吐納法會通洵練身之良法苟人人依此而行學之以漸持之以恆強固其種族健全其個人當以此書爲先導也黃君方剛今夏將赴美習教育哲學余嘉其有強國救世之志介紹吾國武化於新大陸爰與同仁集資先印三千本分贈第四屆徵求會員熱心家以誌紀念云爾

一九二二八月黃警頑旅寧序於東南大學體育館

形意拳術敘一

我國拳術傳之最古。自重文輕武之習俗成。而士夫置之不講。致傳習者多椎魯無文之人。不能有所發揮。遂使固有國粹。日就湮沒。良可痛惜。近數十年。經學校之提倡。喚起國人研究之心。始則隨意練習。繼而採入正科。南北兩派。分道並馳。各就所師。以相授受。間有著書立說者。法門務求其廣。形式務求其繁。未能從基本下手。欲學者之獲益。難矣。夫肢體之動作。苟不與精神並運。則流於器械作用。貌合神離。以之飾觀瞻則可。以言實用則未也。今之拳術。求所謂肢體動作與精神並運者。其莫如形意拳乎。相傳此法創自岳武穆。流傳於大河南北。其法在以意使形。聚氣於小腹。一動一作。形與意無不聯絡。且練習時又無騰躍跌打之姿勢。但求實用。不尚觀瞻。學者不感困難。然及其習至深奧。則非其他各種拳術所可及。且得以却病延年。通乎妙道。實合內功外功而一之。宜乎風行於各學校也。東鹿李君劍秋精此術。教授於清華學校既有年。就經驗所得。編成此冊。黃生方剛請序於余。余門外漢也。未便重違其請。爰述數語以遺之。

民國八年十一月蔣維喬敘於京師之宜園

敘二

人民體質強弱。關乎國家之盛衰。西人以體育爲三大要素之一。國人莫不講求。是以舉國體育。無不強者。我國粤古以來。崇尚文風。不事武備。武術一道。久棄弗用。以致人民體質日羸。思之良用浩嘆。王君俊臣、張君遠齋、李君劍秋。均爲形意中之巨擘。怵國粹之沈淪。惘體育之不振。屢思提倡形意拳術者久矣。今李君將以數十年經驗所得之祕奧。更悉心研究。集句成書。欲使武術發展。普及全國。庶養成人民勇武之體魄。革除文弱之頹風。得與列強相頡頏。苦心孤詣。欽佩實深。鄙人等廁身戎行。歷覩武漢川滇戰事。每於白刃相交。柔弱者輒爲強健者所刺傷。即曠日持久。體壯人率能忍勞耐苦。終獲勝利。斯實體質強弱利害之明證。今劍秋君具此苦心。拯救柔弱。功德誠無涯量。書成。囑序於余。余按章披覽。覺語語入微。言言中肯。觀畢。竟有按劍起舞之概。洵近世體育書中之傑作也。爰濡筆而爲之序焉。

時在己未孟冬保陽李海泉安平張雪岩同序

自序

形意拳術。傳自北魏達摩禪師。至宋岳武穆王得其傳。嘗以鎗與拳合立一法。以教將佐。名曰形意。形意之名自此始。歷金元明數代。此術之傳不可考。至明末清初。蒲東諸馮人有姬公際可字隆風者。訪名師於終南山。得武穆王拳譜。以授曹繼武先生。曹以授姬壽先生。姬先生序武穆拳譜而行之於世。即今通行之形意拳譜也。同時洛陽有馬學禮者。亦得其傳。咸豐間祁縣戴龍邦與其弟陵邦俱習藝於馬公家。盡得其術。名震山右。同治末。深州李能先生遊晉。聞戴名。訪之。好其術。學之九年而技成。及東歸。設學授徒。從其遊者頗衆。直隸之有形意拳術。自李先生始。先生既歿。繼其傳者。博陵劉奇蘭先生外。郭雲深、車永鴻、宋世榮、白西園、等先生。皆得形意之要。劉奇蘭先生傳諸其子錦堂、殿琛、榮堂、三先生。及其弟子李存義、周明泰、張占魁、趙振標、耿繼善、諸先生。郭雲深先生傳諸劉勇奇、李魁元、諸先生。李存義先生傳諸尙雲祥、郝恩光、諸先生。及其子彬堂先生。張占魁先生傳諸韓慕俠、王俊臣、劉錦卿、劉潮海、李存副、諸先生。及其子遠齋先生。李魁元先生傳諸孫祿堂諸先生。余叔祖文豹父雲山皆從學於李存義周明泰二先生。余因得家傳。迴念幼時多病。中外醫士。俱無術爲治。遂專習形意拳術。不特病愈。且增健焉。形意之爲大用。誠無疑也。屢思公諸大衆。民國元年。劉殿琛、李存義、張占魁、韓慕俠、王俊臣、諸先生先後發起武士會於天津及倡尙武學社於北京。其後孫祿堂先生又有形意拳學之著。余猶以爲此術之發達。僅偏於北部。而孫先生所著。流傳亦未爲甚廣。因不揣菲陋。而勉爲是書焉。

民國八年十二月十九日東鹿李劍秋序

西學之設教也有德育智育體育
體育者練尚武之精神以强其體
者也體强而後其德進其智濬是體
育實足以冠德智之兩育故斯巴達獨
重體育也凡兒童七歲即入體育場
以練高飛跳遠角力拋擲投環之技
斯其俗重武而其民好勇仿其制

以救中國今日之積弱誠良藥也雖然此豈可以率爾操觚哉蓋有古法之真傳名師之善誘然後以成金剛不壞之身顧其教雖濫觴於泰西而其法實隱含於北魏蓋北魏之達摩祖師已有是術傳至宋岳武穆王乃變化其術以拳

六合槍法教其將佐名之曰形意拳術形意之學雖代有傳人而著述不概見於世今惟孫祿堂先生有形意拳學之作嗣有東鹿李君劍秋者精此術教授於清華學校者有年見孫作慕其學恐其傳不廣因復就其經驗之所得編成此

書行見達摩武穆之真傳再見
於今日之識後學之津筏歟
庚申孟夏白龍山人王震序

精尚武德

子貞馬良題於上海

救人强種

全國道路協會 吳山

闡發吾國尚武之精神

吳志青題於中華武術會

民強而后國強

王壯飛書於上海公共體育場

國技確有特殊之地位

盧頌恩題于東大體育館

童子軍應具的技能

顧拯來

於江蘇童子軍聯合會

發揮我們潛伏的天才

華豪吾書于中國女子體育學校

國魂所寄

柳成烈題于中華体育學校

發揚國技

顧穀若題于東大

其德剛健而文明

朱圭明題於江蘇體育研究會

保康之法

黃方剛題

保國強種之方針

朱鴻壽題於劉行鄉

強國之基

安定根題

於國壽千字會

民衆應具的技術

陳淨題於京師一女中

形意拳術初步凡例

一、形意拳術本有五行拳、十二形拳、及各種套拳、如連環拳、雜式捶、及對拳、如五行生剋拳、安身炮。茲但述五行拳連環拳者、良以五行拳爲一切形意拳之根本、餘皆自五行拳變化而出。昔郭雲深先生專習形意、善以崩拳擊人。彼意謂普通拳術之所以不如形意拳術者、蓋華而鮮用耳。然按之創作時、豈不可用哉、而竟至不可用者、以始而簡捷、繼而增繁、終至失其本意耳。故惟恐形意拳術之漸趨漸華、而亦蹈此弊、不能使學者務其基本以自發其用、爰編之如此。其增以連環拳者、蓋欲使學者於單習一種之暇、更作五種連合之操練、於此即可知拳數之如何變化也。不列對拳者、以交手之時、既不可拘拘於一定之對法、且其對法亦不易筆述也。學者誠能於五行拳稍有根基之後、結伴互相操練交手、種種妙法、可自得之。本不必藉乎書焉。

一、五行拳中各拳理一貫而勢不同。勢不同、易爲也。理旣一貫、則初學時專習一種。習一年或半年後、對於此一種已有心得、然後徧習他種、則不數日而他種之勢皆得。同時理勢相合。雖數日之功、而實不減於一年半年習一種之功。何也、初習一種至一年半年之久者、非其勢之難、實會其理之難也。一種之理會、卽他種之理會。故於他種但習其勢、使前已會得之理與後所習之勢相合耳。其功固較易也。此經濟之道。學者誠能專習一種、依此而行、獲益必多。最好先習劈拳。因每拳起首、必作劈拳式。不先習劈拳、卽無以習他拳。

一、普通編拳術者、每用拳術家特別語。如所謂怪蟒反身、黑虎出洞等名。參入無益。故一概不取。

一、本編於正述之先、作數語爲引言、總論及第一二三章是也。

一、本編第六章形意拳術之要點及其研究、其中但舉一二爲例而研究之。

其餘未經筆述者甚多。希學者能於精習後、以科學研究方法一一發明之。

一、書中多用形意拳術與普通拳術比較語。非欲抑其餘以尊一也。以事實如此耳。然普通拳術、亦非可一概而論。如彈腿一種、實用甚多。非其他拳術可比。學者精習而平心以論之可也。且鄙見以爲愈比而愈精、安知經如是討論後、不更產一最勝之拳術哉。幸勿誤會。

一、後附形意拳譜中之要論及交手法。中多要語。并有不可解之字句。蓋久而漸異乎原本也。學者不可不細心體察之。

形意拳術目次

附岳武穆形意拳術要論

形意拳術

總論

夫拳術之爲用大矣。強健身體、防禦外侮、其大綱也。實卽爲我國國粹。然我國人能之者絕少。在昔士子、多汲汲從事科舉之道、獵取功名。其餘工藝之徒、商賈之輩、知識學問、更屬缺乏。以是強身之道、幾無有顧而問之者。區區拳術之傳、又何望普及哉。外人病夫之譏、良有以也。自列強武器之輸入、競以鎗礮爲利器、而拳術益替矣。然外人之僑居我國者、每觀我國拳術而不勝贊歎驚訝焉。每有從而學之者。侈然以示其國人。衆咸奇之。以我國人所鄙夷而不屑學者、外人見之而反願得其傳、說者謂此皆凡人好奇之心性使然。然拳術之未嘗無價值、卽此已可見一斑矣。我國人欲定其價值者、當先知所取舍、知所研究、卽得之矣。

第一章　拳術之功用

長跑、短跑、跳遠、跳高、跳欄、撐竿跳、擲鐵球、擲鐵餅、擲標槍、足球、籃球、網球、游泳、鐵槓、木馬、諸種運動除游泳足球籃球外、用力之處、皆有所偏。如跑跳、則下身用力大於上身。擲鐵球、鐵餅、則臂與肩用力大於腿與足。若習此種運動、則其肌肉之發達、氣力之增加、必局於某部、而他部若未經練習者焉。必欲盡其類而皆習之、以偏獲其益、則於時間既不經濟、而此種運動器具與地場、卽學校內亦未必完備、若在他處、則更難於遂願。若習拳術、則必全身齊力、凝神集氣、目欲其明捷、肢欲其活潑、頸欲其靈旋、腹欲其堅實、體既如是、而精神團結、意志果決、剛毅之氣、忍耐之力、於是乎生矣。且地無所擇、不待於廣、徒手而操、不待於器。其利便爲何如哉。論其應用、不特保護一身、更可保護他人、扶弱抑強、俠義之風、卽於此基之。習拳術之利益、非較習各種運動而有特別之優點乎。

第二章　形意拳術之功用

拳術之功用、既於前章言之矣。形意拳術之功用亦不外是。形意拳術者、應用既勝於普通諸拳術、而習之尤利便。無論男女老少、苟志於是、則皆無所困難也。何以知之。曰、無騰躍、無打滾、但求實用、不求可觀、以是知其無難也。若習之而達於深奧、則雖力勝於己者、亦不難擊之於丈外、制敵之命、易如反掌焉。顧形意之效用、不盡在是。尤能使精神充足、作事敏捷。前者可却病延年、後者可有爲於世、此即其功用之最大者也。

第三章　形意拳術之基本五行拳

五行拳者、劈拳、崩拳、攢拳、礮拳、橫拳也。分五節以演之。

第一節　劈拳

拳名劈者、以其掌之下、如斧之劈也。由立正時起首（一）兩手握拳。右臂以拳心貼身上升、自心口向上前伸、至拳之高度在

第一圖

眉與頸之間止。當右拳未過心時、右臂已含有右轉意、右臑(自肘至肩曰臑)亦微轉。及右拳自心口伸出時、右臂盡力右轉、至右拳之小指屈曲而成之圈形向上爲止。其時右肘正止於心口前、離心口約半尺。肘穴上向。當右臂如是動作時、左臂亦左轉向上前伸、即貼身止於前心口。拳心亦上向、有隨右肘前伸意。同時眼視右拳。頭向上頂。胸任開展。小腹鼓氣。臂向前挺。兩膝稍屈。而兩胯相夾甚緊。

第二圖

(說明)此圖本應面左因面左後右臂不能照見故面右

如第一圖(二)左拳由心口前伸、在右肘右臂之上、經過至兩拳相遇處、兩拳皆翻成掌。皆手背向上、而左掌斜落前推。右掌斜落後拖、止於臍之右旁。兩掌之指、其各節皆微灣。各指張開不相著。而虎口（大指與食指之間曰虎口）作大圓灣。兩掌之大圓灣皆上向。左肘向裏緊裹與第一圖右肘無異。惟彼係拳、此係掌耳。右臂緊貼腰處。當兩臂如是動作時、左足隨左手之前推而亦前進。其前進之形如箭。蓋其進也直而速。及其著地、則如箭之中物、足趾緊鉤住地固而不易拔矣。步之大小、隨身之長短。其時右足不動。兩膝微灣。左膝與左足跟成垂線。右膝與右

第三圖

足跟成垂線。兩腿如翦。在前之左腿、雖有前進意、而亦含後扣意。在後之右腿、雖屹立不前、而頗有前催意。前後相夾、不亦穩乎。其餘各部、其用力始終依前所云。凡以上所示者、觀第二圖自明。（三）左手收回。收法在用

力拳屈各指、如拉重物然。及其收至心口、掌復變爲拳矣。於是更自心口發出、與第一圖之右手無異。同時右掌亦後拉、變拳而出、止於心口、與第一圖之左手無異。須留意者、凡後拉而變掌爲拳時、其掌皆含有下壓之力。凡拳前伸時、皆含有上挑之力。其故維何、蓋以其拳或掌在前所止之處、較心口稍高也。同時左足隨左手以出。其步法與前不同。足尖外轉約三十度、如立正式、然後前進、謂之墊步。

第四圖

後足本作墊步者、仍作墊步。墊步者當前足進大步時、後足即上墊、使兩足距離有定、以免不穩之患者也。劈拳中凡隨拳而出之步、皆屬墊步。此段所說、乃劈拳拳式、如第三圖是也。(四)然後右手右足上前。右手變爲

掌。與第二圖之左手左足同一動作。此段所說、乃劈拳掌式、如第四圖是也。（五）右手右足之動作與第三圖之左手左足同。（十八）左手左足復作如第二圖。左手復變爲掌。如此絡繹不絕。凡一手一變爲掌、爲一劈拳。左手欲作劈拳、則必其前著爲右拳右足在前。右手欲作劈拳、則必其前著爲左手左足在前也。若欲轉身、則當左手作劈拳時、須自右向後轉。而變成右手右足在前。右手作拳、與欲作劈拳前一著無異。若當右手作劈拳時、則必自左向後轉。取其順也。在劈拳內、手足皆相隨。卽左手在前、則左足亦在前、右手在後、則右足亦在後也。習熟後可將拳式與掌式合成一著。卽當作拳式時、後足不必跟上立住、可直前進步作掌式也。

第二節　崩拳

崩之爲義、山壞也。山之壞、其勢必甚猛、而此拳之性似之、故名。其起首與劈拳之第一第二二圖無異。其先蓋作劈拳掌式也。（一）當作劈拳式時、在前之左手、與在後之右手、同時變掌爲拳、食指及大指所屈成之圈向上、在前之左手如是。右手則拳心向上。然後左拳抽回、放在腰旁。抽時拳心即翻向上。同時右拳自心口伸出。伸時拳心即翻向在旁。即變成方纔在前之左拳式也。學者須注意者、右肘終須裏裹、與劈拳同。庶幾肘穴上向、微見下灣、則全肢不

第五圖

覺僵直矣。此中妙處、久習自得。(可參觀第六章)同時左足隨右拳之前擊而出、步法與劈拳掌式無異、即足尖平直前射也。然後右足跟上、仍作勢步。惟此步須較劈拳之步爲小。右足覺可與左足跟接觸、壯其勢也。同時身須直挺、頭上頂、切勿下垂。腿勢必微灣、以步過小也。其式與劈拳第一圖之腿同。以上所說、觀第五圖更明。(二)然後左拳發出、右拳收回、法與第五圖同。惟無論何拳在前、左足終

第六圖

第七圖

在前、而右足終自後跟上。如第六圖。(三)轉身時須由右邊轉。轉後右拳作劈拳之拳式。右腿擡起、脚底向外、所以踏人也。如第七圖。(四)遂作劈拳之掌式。左手前推。右手後收。右腿落於左足前右足橫如一字。如第八圖。(五)然後左足右拳又前發、與第五圖同。相續不絕如此。凡轉身必從右轉、以左足始終在前、不便左轉也。

第三節　攢拳

第八圖

第九圖

（說明）此圖左拳手背猶未翻向上

十

攢之爲義、聚也。此拳之動作有似乎攢、故曰攢拳。其起首仍如崩拳之先作劈拳式、如劈拳第一第二二圖是也。（一）兩掌變成拳。在前之左拳拳背向上。在後之右拳亦然。左拳有下壓意。右拳若欲前伸者然。同時在前之左足進步。在後之右足跟上。步法與劈拳拳式之步法同。如第九圖。（二）於是左臂下壓、收回右拳向左臂

第十圖

第十一圖

上擊出、其法正與劈拳拳式同。左臂止於臍之左旁、貼身靠住、拳背上向。同時右足隨右拳出、左足卽跟上。步法與劈拳掌式之步法同。步之大小隨便。如第十圖。（三）左拳擊出時仿前。（四）轉身有二法。（甲）與劈拳同。（乙）設左手左足在前、則向右轉、變成右足在前。當轉時左拳先前伸、下壓、收回。於是右拳乘此由左拳上擊出。右足轉後在前、立刻隨右拳之擊出而進

步。左足更跟上。如第十一圖。此法甚妙。當敵人自後攻來時、我一拳將彼攻我之拳壓下、而同時右拳已擊中其面矣。習熟後、可將(一)(二)兩動作合成一著。即當第一動作時、左足前進、右足更不必跟上立住、可即接以第二動作也。

第四節 礮拳

礮之取義、與崩畧同、謂其拳之作用似礮也。起首先作劈拳式。(一)一時二掌變拳。在前之左掌、當變拳時、即收回。收時拳背向下、貼身放於臍之左旁。在後之右掌變拳後、亦拳背下向、貼身放於臍之右旁。同時在後之右足半向右進步。左足即跟上、以左足之右旁、貼住右足之左旁。左足須提起、勿著地。兩腿微灣。身雖半右向、而頭則半左向。如第十二圖。(二)左拳貼身上升、拳背仍下向。至面處、忽然翻轉、變成拳心外向、而拳背則止於額前、不貼於額。翻時全臂用力向外上推。此拳所以破敵從高擊下之拳也。同時右手即作崩拳、向頭所向之方擊去。則敵人且中我拳矣。蓋形意妙處、大概如是。每發拳攻人、同時可自護。及人攻我而我自

第十二圖

第十三圖

(說明)左足非必貼住右足書中所說使此著與下著相連者也而圖中則不得不分二著

讓時、我亦能即此攻人。故人每不及自禦也。然猶未盡其妙。當此之時、我不著地之左足、乘此作箭步向右手擊出之方進去。而右足自後跟上。其步法如崩拳。兩腿微灣。右腿有前催之力。而在前之左腿、則雖前向亦頗含有穩立意。同時將全身之氣收聚於小腹、晤運於四肢。則其二臂之力本不多者、至此終須增加數倍矣。以

第十四圖

第十五圖

其數倍其力、故雖壯夫、莫之能當也。如第十三圖(三)。現在此身之方向、係半向左。在前之左足、仍向此方前進。右足跟上、提起靠於左足旁。兩拳收下、置於臍之兩旁。與一相似。如第十四圖(四)。右拳向上外翻。左拳作崩拳擊出。提起之右足、隨在拳向右前發出。左足跟上。與(二)同。如第十五圖。如此不絕。轉身時、若當身半向左時、則左腿向右鉤、身即轉向後。右足仍跟上、

第十六圖

第十七圖

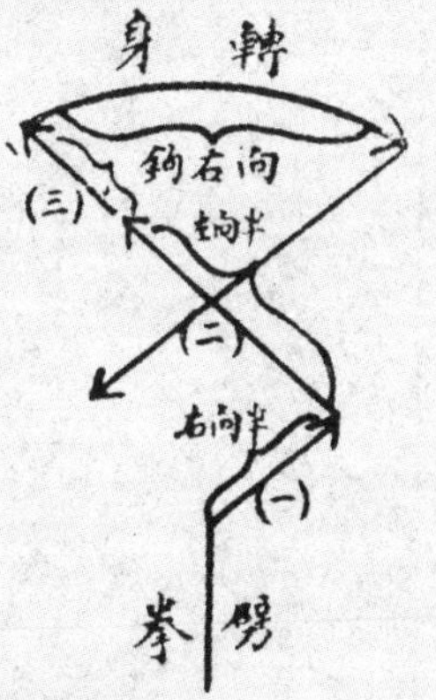

(說明)此圖與第十四圖惟方向不同彼前去此轉回但形式則無異

提起、靠住。如第十六圖。然後右足左拳發出、與前無異。其進步之方向、觀第十七圖自明。橫拳進步之方向亦然。

第五節　橫拳

此拳用法、不直而橫、故名橫拳。起首作劈拳式。(一)在後之右足進步。左足跟上、提起、與炮拳同。(學者須記橫拳與炮拳步法同)同時掌變爲拳。在前之左掌變爲拳時、拳心翻向上、仍

第十八圖

第十九圖

(說明)此圖當面右

置於前、肘仍緊裹。在後之右掌變拳後、手背仍上向。其餘皆與炮拳同。如第十八圖。(二)右拳自左肘下、向左前發出。拳剛過肘時、即翻轉、使拳心上向、而肘緊裹、與攢拳相似。同時左拳收回、貼身放於臍之左旁。方纔提起之左足、此時即向左前作箭步射出、與炮拳全合。如第十九圖。(三)左足前進一步拳不動。(以後每欲打橫拳前必先將前足進一步所

第二十圖

第二十一圖

以使手足之動相符（不亂也）然後左拳由右肘下向右前作攢拳擊出。右拳收回。同時右足向右前進步。如第二十圖是也。如此絡繹不絕。轉身時、與炮拳同。惟當腿鉤身轉時、拳不動。待既鉤既轉後、始從肘下發出耳。

第四章　進退連環拳

進退連環拳者、連五拳而成者也。凡十一著。（一）劈拳。如第二十一圖。（二）崩拳。如第二十二圖。（三）退步崩拳。其法先將在

第二十二圖

第二十三圖

後之右足退後一步。然後左足更退一步於右足後。同時右拳收回。左拳發出。如第二十三圖。

(四)順步崩拳。順步崩拳者、右足右拳、或左足左拳、同在前之謂也。此時不便左足自後進步而右拳同時擊出、故卽使在前之右足與右拳同時前發也。同時左拳收回。左足跟上。如第二十四圖。

(五)雙橫拳。兩拳相交、右拳在外。身半向左。如第二十五圖。然後兩拳分開。兩臂作一

第二十四圖

第二十五圖

半圓灣、切勿僵直、仍須微灣而含力、如第二十六圖。然後左拳放開。右拳與左拳合於臍處、貼身靠住。當兩手分開時、在後之左足退後一步。及二手合時、在前之右足卽與左足相並。身仍半向左。如第二十七圖（六）炮拳。作左拳右足在前之炮拳。如第二十八圖（七）退步劈拳。法在先退右足。右拳落下時、向前作一半圓形。左拳須先抽回、然後再劈出。同時左足稍退、須在

第二十六圖

第二十七圖

右足前。如第二十九圖。(八)劈拳。但此劈拳仍須左手左足在前。其法在將在前之左掌轉變成拳而抽回至心口、更自心口劈出。同時貼身靠住之右手亦變拳後仍變掌。如第三十圖。(九)攢拳。右手左足在前。如第三十一圖。(十)劈拳。左手右足在前。如第三十二圖。(十一)崩拳。如第三十三圖。(十二)作崩拳轉身。轉後

(說明)但其不同點在下部此圖之兩足當相亞如書中所說

第二十八圖

第二十九圖

次序仍如前。至再作退步崩拳時止。即以退步崩拳收式。

第五章　形意玄義

形者式也。式在外、人得而見之。意者志之所至也。意非形、人莫得而見之。意主乎形。形不能自動。凡形之動、多意使之。雖心肺等無意而終不息其運動、然心肺實未嘗自動也。此近世生理學家所公認者也。凡形之動、其機在筋肉。筋肉強壯而意不銳、敏則力雖大而其動遲。筋肉既

第三十圖

第三十一圖

強壯而意又銳敏、庶乎善矣。雖然、猶未也。設令其驟遇強敵、倉卒之間、欲其處以常態、應以妙手、亦難矣哉。是猶令未學之孩童、初試其手工也、鮮克心手相應。然久習形意拳術、則亦不難爲之矣。夫今之新教育家、每竭力提倡工藝。工藝之要、惟在心手相應耳。然則設有精通形意之術、以習工藝者、其習之也、當較易矣。由是觀之、形意之功用、豈僅限於強身自衛哉。抑又有

第三十二圖

第三十三圖

進於是者、聚氣於胸、則喘而不久。聚氣於小腹、則久而不礙呼吸。漸積漸充、而此氣浩然。更可以意導之。若當拳之擊出時、則導之於拳、是不啻以全身之力、運而聚於拳之一點、其勢之猛、寧可當耶。若偶犯不適、則導氣於病處、血來貫注、其中白血輪實能殺微生物而去其病。且剛直之氣、充塞兩間、精明強幹、神色粲然、孟子所言、豈欺吾哉。必如此、始可以膺重任。其爲社會、

爲一己、謀事均無遺憾矣。今但舉其大概如此。若夫神而明之、尤在於善悟者。

第六章　形意拳術之要點及其研究

形意拳術之要點凡四。

一、閉口。舌舐上腭、津生、則嚥下。　閉口者、所以保氣之不外洩、而防空氣中之穢物入口也。不但習拳時宜如此。凡不用口時皆宜如此。舌舐上腭者所以生津液、使口不乾燥也。津生下嚥、則更使喉間亦滋潤也。

二、裹肘。垂肩。鼓腹。展胸。　裹肘、則臂必微彎。微彎、則肩之力可由此而運至於手。此一要點、凡形意門中拳數皆不能脫離乎此。試論劈拳、必如此而全身之力始能運於五指之端。故人每以爲五指力弱、安能擊人而仆之於丈外、而不知五指。之力果弱、今得全身之力皆聚於此、則亦何難爲哉。若不裹肘、則臂傴僵、則力止於臂、而不能外發。學者盡一一試之、卽可知矣。垂肩者使氣不浮、而下聚於小腹也。若不垂肩、其能久持者幾希矣。鼓腹者、聚氣於小腹也。人身有二大藏氣處。一爲肺。一爲臍下小腹。藏氣於肺、則不久必放呼吸使之然也。今藏氣於小腹、則肺之呼吸既不能引之外洩、而積氣於此、亦無礙於呼吸。如是氣當舒足、必能久持。不然、甫交手而喘聲大作、面紅耳赤、心跳勃勃、脈張力竭、殆矣。展胸者、所以使積氣不礙呼吸也。每有欲聚氣於小腹、而強迫肺中之氣於小腹者、其迫之也、必抑胸使平、其結果必至於肺部不發達、而呼吸多阻礙、傷身最甚矣。故今雖鼓氣於小腹、而於肺則一任其自展、庶幾可無害焉。

三、兩腿相夾。足趾抓地。 兩腿相夾者、所以免身之前後傾倒也。嘗見壯漢鬪一較弱而活潑者。以壯漢之力而論、宜足以勝敵也。而每有致敗者、用力偏也。蓋當其進步時、或全身前傾、毫無後持之力、故其敵得藉其力乘其勢以仆之。足趾抓地、即所以使身更穩故也。

四、目欲其明。欲其敏。更欲其與心手相應。 交手之時、原全恃乎心手之作用、而據其最重要之地位者、目是也。目而不明不敏、不能與心手相應、而能勝人者、亦鮮矣。此理人皆知之、然用目於交手之時當若何、此則所宜研究者也。(一)交手之時、高則視敵之目。以其目之所視、必其手之所向也。(二)中則視敵之心。以其手之出入、必在心前也。(三)下則視敵之足。以其足之所向、卽其身之所在也。

第七章　形意拳術之特長處

形意拳術之較長於普通拳術者凡三端。

一、身穩氣平。每見習普通拳術者、輾轉騰躍、時用足踢人。非不美觀也、非不可謂爲一種運動也、然不足以交手。何也、我勞人逸、我危人安也。夫兩相交手時、兩足猶恐不能穩立、寧有暇分其一足以踢人乎。苟踢而不中、其敗也必矣。且二目瞿瞿、靜觀敵之動以應可也。何爲而騰躍以自勞乎。形意則無如此無益之舉動

二、拳法簡捷。普通之拳術、其臂之動也、守爲一著。攻爲一著。若人攻我、則必先禦之、而後得攻之。形意則不然。攻卽守、守卽攻。一著而備二用。何以言之、曰、試論劈拳之拳式。設人以左拳攻我心口、無論其拳之高低如何、我但進步向其右旁、

以右劈作劈拳之拳式、架住其臂。是我已自防矣。同時我但如此前進。我臂卽斜刺擦其臂而前、苟其手不敏、必中我拳矣。此守卽攻之謂也。苟其手而敏、則必將我拳撩起外推、然我於是卽乘其撩推之勢而抽回我拳、同時將拳漸向下沈、沈後變拳作掌、驟成劈拳前推其身。彼雖欲防、必不及矣。何也、彼之撩而推也、必用大力、勢難一時收回。我則本藉其力而急欲攻之者也。我但作一圓圈、而彼已中我拳矣。我一臂攻之、而使其不暇自防、更無暇攻我、是不啻攻卽守矣。形意拳術、不誠靈便乎。或曰、崩拳甚直、恐無如此妙用。應之曰、崩拳亦有二用。苟敵攻我之拳而高也、則我拳自其拳下斜入、作上挑之力。當我拳斜入時、我身必進至敵之旁、則彼之拳我已躲過。我今在其拳下作上挑之力、同時又不廢前擊、則彼拳卽欲下壓我拳、必已不及。卽及、亦不能竟壓我拳、以我已預防也。而同時彼身已中我拳矣。苟敵攻我之拳而低也、則我拳自其拳上斜擊、作下壓之力。彼拳被我壓下、則其臂之長、不能及我身、而我拳自彼拳上擦過、已中其身矣。孰謂崩拳無二用乎。
三、養氣。壯志。此長處惟作內功者、始能得之。形意則內外功兼有之。廣如第五
章所說。

形意拳術初步終

附岳武穆形意拳術要論

民國四年夏、余南歸過吾鄉原公作傑家。取其所藏武穆拳譜讀之。中有要論九篇。交手法一篇。雖字句間不無差誤、然其行文瑰瑋雄暢、洵爲武穆之作。而論理精透、尤非武穆不能道。余曰此形意舊譜也、得此靈光、形意武術、其將日久而彌彰乎。急錄之、攜入京師、公諸同好。天下習武之士、與凡素慕武穆其人者、其守此勿失也可。濟源後學鄭濂浦謹識。

一要論

從來散之必有其統也。分之必有其合也。以故天壤間四面八方、紛紛者各有所屬。千頭萬緒、攘攘者自有其源。蓋一本散爲萬殊。而萬殊咸歸於一本。事有必然者。且武事之論、亦甚繁矣。而要之千變萬化、無往非勢。卽無往非氣。勢雖不類、而氣歸於一。夫所謂一者、從上至足底、內而有臟腑筋骨、外而有肌肉皮膚五官百骸、相聯而爲一貫者也。破之而不開。撞之而不散。上欲動而下自隨之。下欲動而上自領之。上下動而中節攻之。中節動而上下和之。內外相連。前後相需。所謂一貫者、其斯之謂歟。而要非勉強以致之、襲焉而爲之也。當時而靜、寂然湛然。居其所而穩如山岳。當時而動、如雷如塌。出乎爾而疾如閃電。且靜無不靜、表裏上下、全無參差牽挂之意。動無不動、左右前後、並無抽扯游移之形。洵乎若水之就下、沛然而莫之能禦。若火之內攻、發之而不及掩耳。不假思索。不煩擬議。誠不期然而然。莫之致而至。是豈無所自而云然乎。蓋氣以日積而有益。功以久練而始成。觀聖門一貫之傳、必俟多聞強識之後、豁然之境、不廢格物致知之功。是知事無難易、功惟自盡。不可躐等。不可急遽。按步就步。循次而進。夫而後官骸肢節、自有通貫。上下表裏不難聯絡。庶乎散者統之。分者合之。四體百骸終歸於一氣而已矣。

二要論

嘗有世之論捶者、而兼論氣者矣。夫氣主於一、可分爲二。所謂二者、即呼吸也。呼吸卽陰陽也。捶不能無動靜。氣不能無呼吸。吸則爲陰。呼則爲陽。主乎靜者爲陰。主乎動者爲陽。上升爲陽。下降爲陰。陽氣上升而爲陽。陽氣下行而爲陰。陰氣下行而爲陰。陰氣上行卽爲陽。此陰陽之分也。何謂清濁。升而上者爲清。降而下者爲濁。清氣上升。濁氣下降。清者爲陽。濁者爲陰。而要之陽以滋陰。渾而言之統爲氣。分而言之爲陰陽。氣不能無陰陽、卽所謂人不能無動靜。鼻不能無呼吸。口不能無出入。此卽對待循環不易之理也。然則氣分爲二。而實在於一。有志於斯途者、愼勿以是爲拘拘焉。

三要論

夫氣本諸身。而身之節無定處。三節者。上、中、下也。以身言之。頭爲上節。身爲中節。腿爲下節。以上節言之。天庭爲上節。鼻爲中節。海底爲下節。以中節言之。胸爲上節。腹爲中節。丹田爲下節。以下節言之。足爲梢節。膝爲中節。胯爲根節。以肱言之。手爲梢節。肘爲中節。肩爲根節。以手言之。指爲梢節、掌爲中節。掌根爲根節。觀於是、而足不必論矣。然則自頂至足、莫不各有三節。要之、若無三節之分、卽無著意之處。蓋上節不明、無依無宗。中節不明、渾身是空。下節不明、自家喫跌。顧可忽乎哉。至於氣之發動、要皆梢節動、中節隨、根節催之而已。然此猶是節節而分言之者也。若夫合言之、則上自頭頂、下至足底、四體百骸、總爲一節、夫何三節之有哉。又何三節中之各有三節云乎哉。

四要論

試於論身論氣之外、而進論乎梢者焉。夫梢者、身之餘緒也。言身者初不及此。言氣者亦所罕論。捶以內而發外。氣由身而達梢。故氣之用不本諸身、則虛而不實。不形諸梢、則實而仍虛。梢亦烏可不講。然此特身之梢耳。而猶未及乎氣之梢也。四梢維何、髮其一也。夫髮之所係、不列於五行、無關於四體、似不足論矣。然髮爲血之梢。血爲氣之海。縱不必本諸髮以論氣、要不能離乎血而生氣。不離乎血、卽不得不兼及乎髮。髮欲沖冠、血梢足矣。抑舌爲肉梢。而肉爲氣囊。氣不能形諸肉之梢、卽無以充其氣之量。故必舌欲催齒、而後肉梢足矣。至於骨梢者齒也、筋梢者指甲也。氣生於骨而聯於筋。不及乎齒、卽未及乎筋之梢。而欲足乎爾者、要非齒欲斷筋甲欲透骨、不能也。果能如此、則四梢足矣。四梢足而氣亦自足矣。豈復有虛而不實實而仍虛者乎。

五要論

今夫捶以言勢。勢以言氣。人得五臟以成形、卽由五臟而生氣。五臟實爲生性之源、生氣之本、而名爲心肝脾肺腎是也。心爲火、而有炎上之象。肝爲木、而有曲直之形。脾爲土、而有敦厚之勢。肺爲金、而有從革之能。腎爲水、而有潤下之功。此乃五臟之義、而必準之於氣者、以其各有所配合焉。此所以論武事者、要不能離乎斯也。胸膈爲肺經之位、而爲諸臟之華蓋。故肺經動而諸臟不能靜。兩乳之中爲心、而肺包護之。肺之下、胃之上、心經之位也。心爲君火、動而相火無不奉合焉。而兩脅之間、左爲肝。右爲脾。背脊十四骨節皆爲腎。此固五臟之位。然五臟之係皆係於背脊、通於腎髓、故爲腎。至於腰、則兩腎之本位、而爲先天之第一、尤爲諸臟之根源。故腎水足而金木水火土咸有生機。此乃五臟之位也。且五臟之存於內者、各有其定位而具於身者、亦自有所專屬。領、頂、腦、骨、背、腎是也。兩耳亦爲腎。兩唇、兩腮皆脾也。兩髮則爲肺。天庭爲六陽之首、而萃五臟之精華、實爲頭面之主腦、不啻一身之座督矣。印堂者陽明胃氣之衝、天庭性起機由此達、生發之氣、由腎而達於六陽、實爲天庭之樞機也。兩目皆爲肝、而究之上包爲脾、下包爲胃、大角爲心經。小角爲小腸、白則爲肺。黑則爲肝。瞳則爲腎、實爲五臟之精華所聚、而不得專謂之肝也。鼻孔爲肺、兩頤爲腎。耳門之前爲膽經、耳後之高骨、亦腎也。鼻爲中央之土、萬物資生之源、實中氣之主也。人中爲血氣之會、上冲印堂、達於天庭、亦爲至要之所。兩唇之下爲承漿、承漿之下爲地閣、上與天庭相應、亦腎經位也。領頂頸項者、五臟之道途、氣血之總會、前爲食氣出入之道、後爲腎氣升降之途、肝氣由之而左旋、脾氣由之而右旋、其係更重、而爲周身之要領。兩乳爲肝、兩肩爲肺。兩肘爲腎。四肢爲脾。兩肩背膊皆爲脾。而十指則爲心肝脾肺腎是也。膝與脛皆腎也。兩脚根爲腎之要。湧泉爲腎穴。大約身之所係、心者爲心。窩者爲肺。骨之露處皆爲腎。筋之聯處皆爲肝。肉之厚處皆爲脾。象其意、心如猛虎。肝如箭。脾氣力大甚無窮。肝經之位最靈變。腎氣之動快如風。其爲用也、用其經。舉凡身之所屬於某經者、終不能無意焉。是在當局者自爲體認、而非筆墨所能爲者也。至於生尅治化、雖別有論、而究其要領、自有統會。五行百體、總爲一元。四體三心、合爲一氣。奚必昭昭於某一經絡節節而爲之哉。

六要論

心與意合。意與氣合。氣與力合。內三合也。手與足合。肘與膝合。肩與胯合。外三合也。此爲六合。左手與右足相合。左肘與右膝相合。左肩與右胯相合。右之與左亦然。以及頭與手合。手與身合。身與步合。孰非外合。心與眼合。肝與筋合。脾與肉合。肺與身合。腎與骨合。孰非內合。豈但六合而已哉。然此特分而言之也。總之一動而無不動。一合而無不合。五形百骸、悉用其中矣。

七要論

頭為六陽之首、而為周身之主。五官百骸、莫不惟此是賴、故頭不可不進也。手為先行、根基在膊、膊不進而手則却而不前矣。此所以膊貴於進也。氣聚中脘、機關在腰、腰不進、而氣則餒而不實矣。此所以腰貴於進也。意貫周身、運動在步、步不進而意則堂然無能為矣。此所以步必取其進也。以及上左必須進右、上右必須進左。其為七進、孰非所以著力之地歟。而要之未及其進、合周身而毫無關動之意、一言其進、統全體而俱無抽扯游移之形。

八要論

身法維何、縱、橫、高、低、進、退、反、側而已。縱則放其勢、一往而不返。橫則裹其力、開拓而莫阻。高則揚其身、而身若有增長之勢。低則抑其身、而身若有攢捉之形。當進則進。殫其身而勇往直冲。當退則退。領其氣而回轉伏勢。至於反身顧後、後即前也。側顧左右、使左右無敢當我。而要非拘拘焉爲之也。必先察人之強弱。運吾之機關。有忽縱而忽橫。縱橫因勢而變遷。不可一概而推。有忽高而忽低。高低隨時以轉移。不可執格而論。時而宜進。故不可退而餒其氣。時而宜退。即當以退而鼓其進。是進固進也。即退、而亦實以賴其進。若反身顧後。顧其後而亦不覺其爲後。側顧左右。而左右亦不覺其爲左右矣。總之、機關在眼。變通在心。而握其要者、則本諸身。身而前、則四體不令而行矣。身而却、則百骸莫不冥然而處矣。身法顧可置而不論乎。

九要論

今夫五官百骸、主於動、而實運以步。步乃一身之根基。運動之樞紐也。以故應戰對敵、皆本諸身、而實所以爲身之砥柱者、莫非步。隨機應變在於手、而所以爲手之轉移者、亦在步。進退反側、非步何以作鼓盪之機。抑揚伸縮、非步何以示變化之妙。所謂機關者在眼。變化者在心。而所以轉灣抹角、千變萬化、而不至於窘迫者何莫非步爲之司命歟。而要非勉強以致之也。動作出於無心。鼓舞出於不覺。身欲動而步亦爲之周旋。手將動而步亦早爲之催逼。不期然而然、莫之驅而驅。所謂上欲動而下自隨之者、其斯之謂歟。且步分前後。有定位者步也。然而無定位者、亦爲步。如前步進焉、後步隨焉、前後自有定位。若以前步作後、後步作前、更以前步作後之前步、後步作前之後步、則前後亦自然無定位矣。總之拳以論勢。而握要者爲步。活與不活、亦在於步。靈與不靈、亦在於步。步之爲用大矣哉。拳名心意。心意者、意自心生、拳隨意發。總要知己知人、隨機應變。心氣一發、四肢皆動。足起有地。膝起有數。動轉有位。合膊望胯。三尖對照。心意氣內三相合。拳與足合。肘與膝合。肩與胯合。外三相合。手心足心本心三心一氣相合。遠不發手。捶打五尺以內、三尺以外。不論前後左右、一步一捶。發手以得人爲準。以不見形爲妙。發手快似風箭。響如雷崩。出沒過象園。如生鳥入羣籠之狀。單敵似巨炮推薄壁之勢。骨節帶勢。踴躍直吞。未曾交手、一氣當先。既入其手、靈動爲妙。見孔不打見橫打。見孔不立。見橫立。上中下總氣把定。身足手規矩繩束。既不望空起。亦不望空落。精明靈巧、全在於活。能去能就。能柔能剛。能進能退。不動如山岳。難知如陰陽。無窮如天地。充實如太倉。浩渺如四海。炫曜如三光。察來勢之機會。揣敵人之短長。靜以待動有法。動以處靜。借法容易上法難。還是上法最爲先。交勇者不可思誤。思誤者寸步難行。起如箭攢落如風。隈催烹絕手摟手。皆合暗迷中由路如閃電。兩邊攄防左右。反背如虎搜山。斬捶勇猛不可當。斬梢迎面取中堂。搶上搶下勢如虎。好似鷹鷂下雞場。翻江倒海不須忙。單鳳朝陽纔爲強。雲背日月天地交。武藝相爭見短長。步路寸開把尺。劈面就去。上右腿。進左步。此法前行。進人要進身、身手齊到是爲眞。發中有絕何從用。解明其意妙如神。鷂子鑽林麻著翅。鷹捉四平足存身。取勝四梢要聚齊。不臏必因合射心。計謀施運化。霹靂走精神。心毒稱上策。手眼方勝人。何謂閃、何謂進、進卽閃。閃卽進。不必遠求。何謂打、何謂顧、顧卽打。打卽顧。發手便是。心如火藥拳如子。靈機一動鳥難飛。身似弓弦手似箭。弦向鳥落。見神奇。起手如閃電。閃電不及合眸。打人如迅雷。迅雷不及掩耳。五道本是五道關。無人把守自遮攔。左腮手過。右腮手去。右腮手過去。左腮手來。兩手束拳迎面出。五關之門關得嚴。拳從心內發。向鼻尖落。從足下起。足起快。向心火作。五行金木水火土。火炎上而水就下。我有心肝脾肺腎。五行相推無錯誤。

交手法

占右進左。占左進右。發步時足根先著地。以十趾抓地。步要穩當。身要莊重。捶沈實而有骨力。去是撒手。著人成拳。用拳要捲緊。用把把有氣。上下氣要均停。出入以心為主宰。眼手足隨之去。不貪不歉。不即不離。肘落肘窩。手落手窩。右足當先。膊尖向前。此是換步。拳從心發。以身力催手。手以心把。心以手把。進人進步。一步一捶。一支動百支俱隨。發中有絕。一握渾身皆握。一伸渾身皆伸。伸要伸得進。握要握得根。如捲炮。捲得緊。崩得有力。不拘提打、按打、烘打、旋打、斬打、冲打、鋛打、肘打、膊打、胯掌打、頭打、進步打、退步打、順步打、横步打、以及前後左右上下百般打法、皆要一氣相隨。出手先占正門。此之謂巧。骨節要對、不對則無力。手把要靈、不靈則生變。發手要快、不快則遲誤。舉手要活、不活則不快。打手要跟、不跟則不濟。存心要毒、不毒則不準。脚手要活、不活則擔險。存心要精、不精則受愚。發作要鷹捉勇猛。外皮膽大。機要熟運。還勿畏懼遲疑。心小膽大。面善心惡。靜似書生。動如雷發。人之來勢、亦當審察。脚踢頭歪。拳打膊作。窖身進步。仗身起發。斜行換步。攔打倒身。擡腿伸發。脚指東顧。須防西殺。上虛下必實著。跪敲（此二字不可解殆爲詭敲之誤）指不勝屈。靈機自揣摩。手急打手慢。俗言卽是其眞的確。起望落。落望起。起落要相隨。身手齊到是爲眞。剪子股。望眉斬。加上反背如虎搜山。三尺羅衣挂在無影樹上。起手如閃電。打下如迅雷。雨行風。鷹捉兔。鷂鑽林。雞摸鵝。摸場地。起手時、三心相對。不動如書生。動之如龍虎。遠不發手。打雙手雙心打。右來右迎。此爲捷取。遠了便上手。近了便加肘。遠了便脚踢。近了便加膝。遠近宜知。拳打踢勝。頭歪把勢。審人能叫一思進。有意莫帶形。帶形必不羸。捷取人法。審顧地形拳打上風。手要急。足要輕。把勢走動如貓行。心要正。目聚精。手足齊到定要贏。若是手到步不到、打人不得妙。手到、步也到、打人如把草。上打咽喉。下打陰。左右兩脇在中心。前打一丈不爲遠。近者只在一寸間。身動時如崩牆倒。脚落時如樹栽根。手起如炮直冲。身要如活蛇。擊首則尾應。擊尾則首應。擊中節而首尾皆相應。打前要顧後。知進須知退。心動快似馬。臂動速如風。操演時面前如有人交手。時有人如無人。起前手、後手緊摧。起前脚、後脚緊跟。面前有手不見手。胸前有肘不見肘。如見空不打。見空不上。拳不打空。起亦不打空。落手起足要落。足落手要起。心要占先。意要勝人。身要攻人。步要過人。前腿似跏。後腿似忝。（按此字無此用必譌）首要仰起。胸要現起。腰要長起。丹田（按卽臍下小腹也）要運氣。自頂至足、要一氣相貫。膽戰心寒、必不能取勝。未能察言觀色者、必不能防人。必不能先動。先動爲師。後動爲弟。能叫一思進。莫教一思退。三節要停。三尖要照。四梢要齊。明了三心多一力。明了三節多一方。明了四梢多一精。明了五行多一氣。明丁三節、不貪不歉。起落進退多變。三回九轉是一勢。總要一心爲主宰。統乎五行。運乎二氣。時時操演。勿誤朝夕。盤打時而勉強。工用久而自然。誠哉是言。豈虛語哉。

按燕薊形意、傳自山右。而山右形意、傳自中州。是則形意拳譜之散見於大河南北者、亦勢使然也。惟是年久代遠、漫無統系。而筆墨傳抄、尤多訛錯。原家十篇、亦不足盡形意武術之全豹。然譜書全部既不可得、則此片羽隻鱗者、洵足寶已。余不敏、敢執此以爲吾道賀。束鹿李劍秋

定價三角 翻印必究

編輯者 東鹿李劍秋 川沙黃方剛

校訂者 歙縣吳志青 上海黃警頑

印刷所 商務印書館

出版所 上海六合社

分售處 奉天 北京 天津 南京 上海各大書坊

總發行處 中華武術會

武術界之曙光 應用武術中國新體操

黃警頑介紹

是書為本會教務主任吳志青先生，本其十餘年之經驗，采用國技之動作，按體操之順序編纂而成，既便大隊訓練，尤合學校教材，誠為普及體育、研究國技之唯一善本。已在第五屆遠東大會依式表演，獲國內外之殊譽，又在本會暑期體育學校親自教授，學者咸於短促時間，盡得個中精髓，其價值可知。全書一册，插圖數十幅。熱心體育愛國學者，不可不人手一編。

疊羅漢團體游戲合刊

欲知此書，請讀黃任之先生題辭：「吳君志青，編小學教育游戲叢書，其法多戛戛乎新造。根據生理及兒童心理，兼求合教育原理。民國十年五月，曾試演於上海遠東運動會，頗得中外體育家、教育家之贊許。於是書出版，弁此數言，以為介紹，願吳君益致力於是，將為吾國今後無量數青年造福也。」

本會宗旨 發軒道德 鍛煉體魄 起衰振隳 服務社會

本會設備 武備部-南北各派技擊 劍術科 率角科 棍術科

運動部-網球 籃球 手球 壘球 □球 □球

兵操部-徒手 槍操 田徑賽 器械 劈刺術

童子軍-社會童子軍

游藝部-乒乓 射箭 投壺 音樂 演講 圍棋 象棋 西棋

美育部-攝影 臨池 圖畫

圖書部-閲報室 □書室

▲特設 星期體操班〈非會員概不取費〉

武術小學校

暑期體育學校〈男女兼收〉另備詳章

▲欲知詳細章程請向本會索閲

▲欲知會務情形請閲武術月報

上海小西門外□□街利□□西首

形意拳術

1922年

《申报》[①]志谢[②]惠赠《教门弹腿》[③]十一、四、十七[④]

昨承吴志青君惠赠《教门弹腿图说》一册，于弹腿之源流及方法、功用，附图数百，表示弹腿之姿势。在专门家视之，故可察其精奥；即[⑤]普通人士阅之，亦得[⑥]奉[⑦]为规范。而悉心研究，由浅入深，有功[⑧]中国武士道，诚非浅鲜，初未可以寻常体育教科书读之焉[⑨]！特志数语，以志谢忱云。

远东运动会[⑩]会务报中外人士赞美中国新体操及迭罗汉十、六、四

他们的表演，极博中外人士的赞美。因为他精神的活泼、操练的娴熟和动作的整齐，在在[⑪]可以令人称赞。他们在很多外国人的面前，将本国国粹尽力表现出来，使外国人可以知道我国固有武术的真价值，真可谓“为国增光”了！现在东、西洋人很重视我国的拳术，还望国人要群起保存才好呢！再，吴志青君所编的《中国新体操》，是参用心理学和教育学、生理学作根据的，很可以采作学校教材的价值，也望国人提倡起来啊！

《教门弹腿图说》定价七角　《中国新体操》定价一元　《迭罗汉》定价五角　《形意拳》定价三角

注　释

①《申报》：原名《申江新报》，清同治十一年三月二十三日（1872年4

月 30 日）在上海创刊，1949 年 5 月 27 日停刊。为近代中国发行时间最久、具有广泛社会影响的报纸。

② 志谢：用某种方式表示感谢。这里是用在报上做宣传的方式。志，记。

③《教门弹腿》：即《教门弹腿图说》，吴志青著，1922 年上海中华书局出版。

④ 十一、四、十七：这是指民国十一年四月十七日，即 1922 年 4 月 17 日。

⑤ 即：即使（是），即便（是）。

⑥ 亦得：也可以。

⑦ 奉：遵奉。

⑧ 有功：有功于。

⑨ 初未可以寻常体育教科书读之焉：原不可以当作普通体育教科书来读。初，原，本来。未可，不可以，不能够。以，按照，当作。

⑩ 远东运动会：亚洲最早的地区性综合运动会，该运动会由菲律宾、中国、日本三国发起，从 1913 年到 1934 年分别在菲律宾、中国、日本三国共举办了十届。这里指第五届远东运动会，1921 年（即民国十年）5 月 30 日至 6 月 4 日在上海举行。

⑪ 在在：处处，到处。

发刊《形意拳》初步宣言

人生最可惜、最痛苦的莫过于身体柔弱、精神萎靡，而最幸福的莫要于[①]身体健全。而健全身体之法，有动、静二种，或专从事于筋肉之发达，或专为[②]精神上之修养。如静坐法，可谓静功之一种；而各种器械体操，及中国之棍、剑、石锁、双石杠子等运动则均属动的。然二者均有流弊。常有因静坐妄思而得精神病，因运动过度而减少聪明者，皆因不明体育原理之故也。近时代东西各文明国，均注重体育，已视为一种科学。体育家研究结果，均谓精神与肉体应同时锻炼，所谓“平均发育”“身心合一”“修养人格”等主张是也。如创制柔软体操，即本诸此理。但其体育之理论固是，而其术尚未尽善。

顽躯孱弱多病，友人劝习拳，不久而渐觉转健。如是恍然以中国之拳术，精神、体魄同时锻炼，实合于体育原理。窃以好勇武者，多椎鲁无文，不能研究奥理以导后学；而文人又不肯学习，惄[③]焉忧之。乃于民国五年[④]，与体育同学吴志青创立武术会，号召四方同志。晨夕研究，声誉日隆。又经全国教育会议决，请教部将吾国故有武术，实行加入学校正科，并立国技专修学校，广造武士。初则在北四川路宜乐里租屋数楹，来学者亦甚寥落。今则购地自建新屋，会员数千人，日习不懈。平日又派教师至男女各中小学校实施传授，即缠足年老女者，习之稍久，亦无困难。由此可知武术施于学校之有利无弊，而身体之健康，尤有特殊之效益也。

设会之始，同人早知形意拳优点，南方无人提倡，深为惜之。特函托奉天拳家陈子正先生物色教师二位，慨然允许介绍刘致祥、陈金阁。当时，又在商务印书馆俱乐部发起国技研究会，一时加入晨习者数十人。五年以来，幸无流弊，而绵薄之力，终不能使之发展，甚自愧也。今与会内外同志立愿：以强一身者强吾同胞，强同胞者强吾国家。古人云：穷则独善其身，达则兼善天下。予谓人生如欲保守率真天性、淡泊态度，当不取功名利禄，掌生杀之权，擅作威福。以自快者，则必学崇尚侠德之风，普度众生，方不虚度一世！吾将以此册风行宇内，而以武术同声之求。

束鹿李剑秋先生，世传妙术，尝应清华学校之聘。本以数载之经验，编成《形意拳》一册，其高足弟子黄方刚[⑤]君，寄余刊以问世[⑥]。余读之且喜且感[⑦]，就商于[⑧]会中老同志朱励公、胡世朗、汪九如、陈勇三诸公，设法出版。同人以[⑨]其法浅易学，功效宏伟；其意旨与生理、心理符合，其玄妙与吐纳法会通，洵练身之良法！苟人人依此而行，学之以渐，持之以恒，强固其种族，健全其个人，当以此书为先导[⑩]也。黄君方刚，今夏将赴美习教育哲学。余嘉[⑪]其有强国救世之志，介绍吾国武化于新大陆[⑫]，爰[⑬]与同仁集资，先印三千本，分赠第四届征求会员热心家，以志纪念云尔。

一九二二八月黄警顽[14]旅宁[15]序于东南大学[16]体育馆

注 释

①莫要于：没有比……更重要的了。

②为：做。

③惄：音 nì，忧思伤痛。

④民国五年：一说为民国八年。

⑤黄方刚：1901—1944 年，哲学家，教育家，黄炎培长子。江苏省川沙县（今上海市浦东新区）人。1915 年至 1923 年在清华学堂学习，1924 年至 1927 年在美国卡尔登大学获文科学士学位，1927 年至 1928 年在哈佛大学获哲学博士学位。曾经任教于广西大学、东北大学、北京大学、四川大学、金陵大学、武汉大学、华西大学等。著有《苏格拉底》（商务印书馆，1931 年版）、《道德学》（世界书局，1935 年版）、《〈老子〉年代之考证》（原载于《哲学评论》2 卷 2 期，1928 年 9 月；后收入《古史辨》第四册，1933 年）、《知行难易解》（原载于《再生》第 1 卷第 2 期，1932 年 6 月）等论著。1944 年 1 月 17 日，因染上肺病在四川乐山去世，年仅 44 岁。黄方刚去世时正值抗战，由其一李姓学生安葬在自家田地（今四川省乐山市九峰乡鞍山村山窝），黄炎培先生为黄方刚题写墓志：“方刚一生清正，抱道有得；言行一致，诚爱待人，取物不苟；著书讲学，到死方休。虽其年不永，亦可以无愧于人，无愧于天地。”

⑥寄余刊以问世：寄给我，让我来（负责）刊刻发行。

⑦且喜且感：又高兴又感动。

⑧就商于：前往与……商量。就，靠近，走进，趋向。

⑨以：以为，认为。

⑩先导：引路者，开路者。

⑪ 嘉：嘉许，赞许。

⑫ 新大陆：也称“西大陆”或“新世界”。指南、北美洲，即西半球陆地。

⑬ 爰：乃，于是。

⑭ 黄警顽：1894—1979 年，原名镜，字镜寰。1894 年，生于上海顾家弄，其父为科举出身，家贫。1909 年（按：或说“1907 年”，误），考入商务印书馆附设商业补习学校。一年半提前毕业后，先在商务印书馆的发行所做学徒，三年后，升为店伙。1911 年，辛亥革命时，离职参加书业商团，参与攻克江南制造局，光复上海。继又邀华侨学生多人，一起投军，加入沪军北伐先锋队，转战于苏鲁各地，备尝辛苦。最后革命功成，共和建立，由沪军都督陈其美保送到临时政府及留守府当宪兵。1913 年，被商务印书馆召回，担任专门负责应酬交际事宜的干事（相当于后世的公关部长）直至 1946 年。为商务印书馆联系作者、读者做出了巨大的贡献，被称为“交际博士”。1930 年的《良友》第 50 期称他为“别开生面的交际家”。

黄警顽先生一生，求知若渴、勤奋好学，只有小学学历的他，通过自学学会读书、看报、写作，一生写过三十多本书；积极进行体育、武术锻炼，爱好旅行名山大川；仰慕晏平仲（按：即春秋时齐国大夫晏婴，字平仲）的为人，崇尚侠义，乐善好施，慷慨助人，富有正义感。曾经帮助过困境中的徐悲鸿、收留过朝鲜爱国志士安重根的儿子等。可以说，他帮助过数不清的人：给予资助、介绍职业、安排学业、进行宣传推举、牵线搭桥，等等。

他热心且尽力于公共事业，曾参与创办了“中华武术会”“民生工艺场”“晨更工学园”等数十个社会公共团体。

1932 年，“一·二八”事变中，他为伤兵医院和难民收容所的事务呼吁、奔走，参加淞沪抗日义军的战地工作。

1941 年，《申报》成立社会服务处，请黄警顽兼任处长，负责助学、济贫、救助难民、处理读者来信等工作，直到抗日战争胜利。

1947 年，被担任校长的徐悲鸿邀请到北平艺术专科学校任职。1953 年徐悲鸿去世后，黄警顽继续留在中央美术学院从事工会的工作。

⑮ 旅宁：旅居南京市。宁，江苏南京市的简称。

⑯ 东南大学：以工为主的综合性大学，校址在南京。其前身为始建于1902年的三江师范学堂，1915年更名南京高等师范学校，1921年更名国立南京大学，1928年更名国立中央大学。后又经多次变革，1988年重又更名为东南大学。黄警顽先生写此序时正值“国立东南大学”时期。

《形意拳术》叙一

我国拳术，传之最古。自重文轻武之习俗成，而士夫置之不讲，致传习者多椎鲁无文之人，不能有所发挥，遂使固有国粹，日就淹没，良可痛惜！

近数十年，经学校之提倡，唤起国人研究之心。始则随意练习，继而采入正科。南北两派分道并驰，各就所师，以相授受。间有著书立说者，法门务求其广，形式务求其烦，未能从基本下手，欲学者之获益难矣。夫肢体之动作，苟不与精神并运，则流于机械作用，貌合神离。以之饰观瞻则可，以言实用则未也。

今之拳术，求所谓肢体动作与精神并运者，其莫如形意拳乎？相传此法创自岳武穆，流传于大河南北。其法在以意使形，聚气于小腹，一动一作，形与意无不联络。且练习时又无腾跃跌打之姿势，但求实用，不尚观瞻，学者不感困难；然及其习至深奥，则非其它各种拳术所可及；且得以却病延年，通乎妙道，实合内功、外功而一之。宜乎风行于各学校也。

束鹿李君剑秋精此术，教授于清华学校既有年，就经验所得编成此册，黄生方刚请序于余。余门外汉也，未便重违其请，爰述数语以遗之。

民国八年十一月蒋维乔叙于京师之宜园

《形意拳术》叙二

人民体质强弱，关乎国家之盛衰。西人以体育为三大要素之一，国人莫不讲求，是以举国体育无不强者。我国粤古[①]以来，崇尚文风，不事武备。武术一道，久弃弗用，以致人民体质日羸，思之良用浩叹[②]！

王君俊臣、张君远斋、李君剑秋均为形意中之巨擘，怵国粹之沉沦，悯体育之不振，屡思提倡形意拳术者久矣。今李君将以数十年经验所得之秘奥，更悉心研究，集句成书，欲使武术发展普及全国，庶养成人民勇武之体魄，革除文弱之颓风，得与列强相颉颃。苦心孤诣，钦佩实深！

敝人等厕身戎行，历睹武汉、川、滇战事，每于白刃相交，柔弱者辄为强健者所刺伤；即旷日持久，体壮人率能忍劳耐苦，终获胜利，斯实体质强弱利害之明证。今剑秋君具此苦心，拯救柔弱，功德诚无涯量。书成，嘱序于余。余按章披览，觉语语入微、言言中肯，观毕，竟有按剑起舞之慨，洵近世体育书中之杰作也，爰濡笔而为之序焉。

时在己未孟冬，保阳李海泉、安平张雪岩同序

注 释

① 粤古：1919 年版为“奥古”，当指“上古”，即深远的古代。奥，深。此处“粤”字为“奥”字之误。

② 良用浩叹：确实令人为它大声叹息！良，确实，诚然。用，因（此）。浩叹，长叹，大声叹息。

自序

形意拳术，传自北魏达摩禅师。至宋岳武穆王得其传，尝以枪与拳合立之一法以教将佐，名曰形意，“形意”之名自此始。历金、元、明数代，此术之传不可考。至明末清初，蒲东诸冯人有姬公际可字隆风者，访名师于终南山，得武穆王拳谱，以授曹继武先生。曹以授姬寿先生。姬先生序武穆拳谱而行之于世，即今通行之《形意拳谱》也。同时，洛阳有马学礼者亦得其传。咸丰间，祁县戴龙邦与其弟陵邦俱习艺于马公家，尽得其术，名震山右。同治末，深州李能[1]先生游晋，闻戴名，访之。好其术，学之九年而技成。及东归，设学授徒，从其游者颇众。直隶之有形意拳术，自李先生始。

先生既殁，继其传者，博陵刘奇兰先生外，郭云深、车永鸿、宋世荣、白西园等先生皆得形意之要。刘奇兰先生传诸其子锦堂、殿琛、荣堂三先生及其弟子李存义、周明泰、张占魁、赵振标、耿继善诸先生；郭云深先生传诸刘勇奇、李魁元诸先生。李存义先生传诸尚云祥、郝恩光诸先生及其子彬堂先生；张占魁先生传诸韩慕侠、王俊臣、刘锦卿、刘潮海、李存副诸先生及其子远斋先生；李魁元先生传诸孙禄堂诸先生。余叔祖文豹、父云山皆从学于李存义、周明泰二先生，余因得家传。

回念幼时多病，中外医士俱无术为治，遂专习形意拳术。不特病愈，且增健焉，形意之为大用诚无疑也！屡思公诸大众。民国元年，刘殿琛、李存义、张占魁、韩慕侠、王俊臣诸先生先后发起武士会于天津及倡尚武学社于北京。其后，孙禄堂先生又有《形意拳学》之著，余犹以为此术之发达仅偏于北部，而孙先生所著，流传亦未为甚广，因[②]不揣菲陋[③]，而勉为是书[④]焉。

民国八年十二月十九日，束鹿李剑秋序

注 释

① 李能：亦作“李洛能”。

② 因：因此，因而。

③ 不揣菲陋：不估量（自己）知识微薄，见闻不广。揣，量度，引申为估量、猜度。菲，微，薄。陋，见闻不广，浅陋。

④ 勉为是书：勉强做（编著）这本书。是，这。

序

西学[1]之设教[2]也，有德育、智育、体育。体育者，练尚武[3]之精神以强其体者也。体强而后其德进[4]、其智睿[5]，是[6]体育实足以冠[7]德、智之两育，故斯巴达[8]独重[9]体育也。凡儿童七岁，即入体育场，以练高飞[10]、竞走[11]、角力[12]、抛枪[13]、投环[14]之技，斯其俗重武，而其民好勇。仿其制以救中国今日之积弱，诚[15]良药也。虽然，此岂可以率尔操觚[16]哉？盖[17]必有[18]古法之真传，名师之善诱，然后可以成金刚不坏之身。顾[19]其教虽灌输于泰西[20]，而其法实隐合[21]于北魏。盖北魏之达摩[22]祖师，已有是术[23]。传至宋岳武穆王，乃变化其术，以拳法合枪法，教其将佐，名之曰“形意拳术”。形意之学，虽代有传人，而著述不概见[24]于世。今惟[25]孙禄堂先生，有《形意拳学》之作。嗣[26]有束鹿李君剑秋者精此术，教授于清华学校者有年[27]，见孙作，慕其学，恐其[28]传[29]不广，因复[30]就其经验之所得，编成此书，行[31]见达摩、武穆之真传再见于今日也，诚后学之津筏[32]欤！

庚申[33]孟夏[34]，白龙山人王震[35]序

注 释

①西学：西方的学术思想，这里指教育。

②设教：设立教学科目。

③尚武：崇尚武力（功）。

④德进：道德增进。

⑤智睿：智慧通达。

⑥是：这样看来，由此看来。

⑦冠：加在……前面。

⑧斯巴达：古希腊城邦。公元前21世纪末叶，多利安人的一支由北方迁入，占领伯罗奔尼撒半岛东南部的拉哥尼亚，约前8世纪，征服西邻美塞尼亚，并建立斯巴达国家（因斯巴达城而得名）。斯巴达人是全权公民，以剥削希洛人和庇里阿西人为生。实行军事贵族寡头统治，成年男子皆为战士。前6世纪后半叶，以斯巴达为首结成伯罗奔尼撒同盟。前5世纪上半叶，希波战争中，与雅典及其他城邦共同抵抗波斯侵略。后在伯罗奔尼撒战争中打败雅典，成为希腊世界头等强国。前4世纪上半叶，与雅典、底比斯等城邦继续角逐，受挫。前4—前3世纪，马其顿侵入希腊时期，贫富分化，社会矛盾加剧，势衰。前2世纪中叶，并入罗马版图。

⑨独重：只重视。

⑩高飞：跳跃。

⑪竞走：比赛跑步。

⑫角力：比赛力气。

⑬抛枪：即投标枪。

⑭投环：当为“投盘”，即掷铁饼。

⑮诚：真是，的确是。

⑯率尔操觚：率尔，贸然，随便地。操，持，拿。觚，音gū，木简。操觚，指做文章。拿起木简就写。原来形容文思敏捷，后也形容写作态度不严肃、随意着笔。

⑰盖：连词，表示推论原因。

⑱必有：必须有。

⑲顾：但。

⑳泰西：就像说“极西”，旧时用来称西方国家，一般指欧美国家。

㉑隐合：暗合。

㉒达摩：即菩提达摩（？—528年或536年），中国佛教禅宗创始人。被尊为“西天”（印度）禅宗二十八祖和东土（中国）禅宗初祖。相传为南印度人。南朝宋末航海到广州，又往北魏（旧说达摩过金陵时，与梁武帝话不投机，遂渡江北去）洛阳传布禅学，后住嵩山少林寺。传说达摩在此面壁打坐九年。后遇慧可（487—593年），授以《楞伽经》四卷及其心法，于是禅宗得以流传。

㉓是术：这种学术。

㉔不概见：连概略的记载都没有。

㉕惟：只有。

㉖嗣：嗣后。

㉗有年：多年。

㉘其：它。这里指孙禄堂《形意拳学》。

㉙传：流传。

㉚因复：因而又。

㉛行：将。

㉜津筏：渡河的木筏，比喻导致成功的门径。

㉝庚申：1920年。

㉞孟夏：初夏，指农历四月。

㉟王震：1867年12月4日—1938年11月13日，字一亭，号白龙山人、梅花馆主、海云山主等，法名觉器，祖籍浙江吴兴，出生于上海青浦，清末民初著名画家、买办。

译文

西方教育设置的教学科目，有德育、智育、体育三门。体育是培养尚武精神来强壮人的身体的。身体强壮，他的道德就会增进，他的智慧就会通达，如此说来，体育确实完全可以排在德、智两育的前面，故而古希腊的斯巴达城邦特别注重体育。凡是男孩长到七岁就进入体育场，练习跳跃、赛跑、比力气、投标枪、掷铁饼的技术，这样它的风俗就特别看重武力，它的人民都勇敢善战。仿照它的教育制度来拯救中国今天的积弱，确实是一味良药。不过理虽如此，但是这件事怎么可以率尔操觚呢？因为必须有古法的真传，名师的善于诱导，然后才可以练成金刚不坏之身。它的理论虽然是由西方灌输过来的，但它的方法其实在我国的北魏时已经有了。北魏时的达摩祖师，已有这样的练习方法。传到宋朝的岳武穆王，又加以改进，用拳法去体现枪法，教练他的将佐，起名叫“形意拳术”。形意拳学，虽然代有传人，但在世上的各种著述中连概略的记载也见不到。现今只有孙禄堂先生写有《形意拳学》一书。嗣后又有束鹿人李剑秋先生精于此术，在清华学校教学多年。李剑秋先生看到孙禄堂的书，仰慕他的学术，担心他的书流传不广，因而又根据自己的经验所得，编成此书。（此书的出版发行）将要使达摩、武穆的真传再现于今日了，真是后学者的津筏啊！

精尚武德

子贞马良[1]题于上海

救人强种

全国道路协会吴山[2]

注 释

① 马良：1875—1947年，字子贞，河北清苑人，回族，民国时期军阀、武术家，毕业于北洋武备学堂。曾任第四十七混成旅旅长、济南镇守使、西北边防军第二师师长。抗战爆发后，马良被日本人任命为山东省省长兼保安总司令，后加入汪伪国民政府。1946年在济南被逮捕，以汉奸罪名下狱。1947年病死济南狱中。马良热心推动传统武术，曾招揽杨鸿修等武术家为其门下，著有《中华新武术》。

② 吴山：1876—1936年，原名吴平之，四川江津人。辛亥革命前就读于两湖书院。入民国，在江津从事新闻事业，后在天津进行反袁活动，旋因避捕走日本，入东京明治大学。1916年回国，次年参加护法，任广东大元帅府秘书及司法部司长，署次长、代理部长。期间在中华圣公会受洗加入教会。1921年，任中华全国道路建设协会总干事。"九一八"事变时，在上海编辑《道路月刊》。曾和朱庆澜等在沪组织华侨救国经济委员会，筹款接济东北义勇军。病逝于江苏丹阳。

开发吾国尚武之精神

吴志青题于中华武术会

民强而后国强

王壮飞[①] 书于上海公共体育场

国技确有特殊之地位

卢硕悬题于东大体育馆

童子军应具的技能

顾拯来[②] 于江苏童子军联合会

注 释

① 王壮飞：曾任上海县童子军联合会训练中心干部（1917 年）。

② 顾拯来：体育家，体育教育家。曾经任江苏童子军总教练（1917 年）、厦门集美学校海上童子军总教练（1923 年）等。著有《游泳术》（1931 年）、《海上救生法》（1932 年）。

发挥我们潜伏的天才

华豪吾[①]书于中国女子体育学校

发扬国技

顾谷若[②]题于东大

国魂所寄

柳成烈[③]题于中华体育学校

其德刚健而文明

朱重明[④]题于江苏体育研究会

注 释

① 华豪吾：曾任中国女子体育学校（1908 年创办）校长。

② 顾谷若：曾任华北体育改进社委员（1933 年）。

③ 柳成烈：中国体育学校毕业，曾创办成烈体育专科学校。

④ 朱重明：中国体育学校毕业，曾创办苏州中国体育专门学校。

人种转强的妙术

薛敏殊题于中国女子体育学校

表现人体之真美

李超士[①]、吴法鼎[②]题于上海美术学校

挽回女性底柔弱

唐稚贫[③]书于女青年会体育师范

发展本能

沈有乾[④]题

注　释

① 李超士：1894—1971 年，名骧，广东梅县人，现代画家，美术教育家。擅长粉画、油画。1912 年，赴欧勤工俭学，1919 年，毕业于巴黎国立高等美术学院。曾任上海美专、国立北平艺专、杭州艺专教授，中央美术学院华东分院、山东师范学院暨山东艺专教授，中国美术家协会会员，中国美术家协会山东分会主席。李超士是较早留法学习绘画的学生，也是中国老一代的油画家之一。作品粉画《南瓜丰收》等由中国美术馆收藏。出版有《李超士粉画集》《李超士画集》。

② 吴法鼎：1883—1924 年，字新吾，河南信阳人。1903 年，考入北京译学馆，学习经济和法文。1908 年毕业，回乡创办小学。1911 年，被河南省选派为首批留欧公费生，赴巴黎学习法律，后放弃法学专攻美术，成为留法学生中学习美术之第一人。初在高拉罗西画室，后入巴黎国立高等美

术学院学习。1919 年夏回国，在上海参加艺术活动，同年冬受聘任北京大学画法研究会西画导师。1920 年，任北京艺术专门学校教授兼教务长，并与李毅士组织阿博洛学会。1922 年 10 月，与上海刘海粟、汪亚尘、王济远、李超士、张辰伯等在沪举行“洋画作品联展”，甚有影响。1923 年，因北京艺专发生风潮而辞职，应聘上海美专教授兼教务长。1924 年 2 月 2 日，在开往北京的火车上因脑溢血去世，年仅 42 岁。他油画技艺和素描基础扎实，风格严谨。代表画作有《雨》《旗装妇女肖像》《青龙桥英雄》等。传世作品有油画《风景》《海滨》，中国画《打猎图》（均藏中国美术馆）等。

③ 唐稚贫：1998—1969 年，即唐贫。本名家琇，号稚贫，字晓莹，工作后常用单字“贫”。广西灌阳人，陈寅恪夫人。前清署理台湾巡抚唐景崧的孙女，自幼受到良好教育，尤擅书法。1915 年，毕业于天津的北洋女师。1917 年秋，唐贫争取到公费学习名额，赴上海基督教女青年会所设立的体育师范就读，与我国第一位体育女博士张汇兰为同学，两年后毕业，从事体育教育工作，在天津母校担任体育主任，后又到南京金陵女子大学体育专业本科就读。毕业后，唐贫受聘到北京女高师教体育课（曾教过许广平）。教学和科研之余，也担任北京中等以上学校体育联合会裁判，也参加北京体育学会的工作，并为女子联合运动会会长。

④ 沈有乾：1900—1996 年，字公健，上海人。1912 年至 1921 年，就读于北京清华学校，1921 年，赴美留学，从 1922 年起，他靠庚款留学美国斯坦福大学、哈佛大学和哥伦比亚大学，研究实验心理学、统计学和数理逻辑学。1926 年，他获得斯坦福大学哲学博士学位。回国后先后在光华大学、浙江大学、暨南大学和复旦大学教授逻辑学、心理学和统计学。20 世纪 40 年代再次赴美，曾任联合国秘书处考试与训练科长与纽约市立大学皇后学院教授等。著述主要有《心理学》《教育心理学》《论理学》《现代逻辑》《初级理则学纲要》《试验设计与统计方法》等，他是 20 世纪中国心理学和逻辑学研究的先行者之一，对弗洛伊德的精神分析学说、怀特海和罗素的数理逻辑学说均有独到的见解。

保康之法

黄方刚题

保国强种之方针

朱鸿寿[①]题于刘行乡

强国之基

安定根[②]题（于）韩国赤十字会

民众应具的技术

陈净题于京师一女中

注 释

① 朱鸿寿：字阜山。清末江苏宝山（今属上海）人，行医为业。善文墨，幼习家传武术，后从杨殿荣习多式拳械与技击术，曾任武艺教员，上海中西普通医院院长。著有《拳艺指南》《女子拳法》《少林拳法图说》。

② 安定根：当指1910年在哈尔滨刺杀伊藤博文的朝鲜爱国志士安重根的二弟，朝鲜顺兴人。

《形意拳术》初步凡例

〇形意拳术本有五行拳、十二形拳及各种套拳，如连环拳、杂式捶，及对拳，如五行生克拳、安身炮，兹但述五行拳、连环拳者，良以五行拳为一切形意拳之根本，余皆自五行拳变化而出。昔郭云深先生专习形意，善以崩拳击人，彼意谓普通拳术之所以不如形意拳者，盖华而鲜用耳。然按之创作时，岂不可用哉？而竟至不可用者，以始而简洁，继而增繁，终至失其本意耳！故唯恐形意拳术之渐趋渐华[1]，而亦蹈此弊，不能使学者务其基本以自发其用，爰编之如此。其增以连环拳者，盖欲使学者于单习一种之暇，更作五种联合之操练，于此即可知拳数之如何变化也。不列对拳者，以交手之时，既不可拘拘于一定之对法，且其对法亦不易笔述也。学者诚能于五行拳稍有根基之后，结伴互相操练交手，种种妙法可自得之，本不必籍乎书焉。

〇五行拳中，各拳理一贯而势不同。势不同，易为也。理既一贯，则初学时专习一种，习一年或半年后，对于此一种已有心得，然后遍习他种，则不数日而他种之势皆得，同时，理势相合。

虽数日之功，而实不减于一年、半年习一种之功，何也？初习一种至一年、半年之久者，非其势之难，实会其理之难也。一种之理会，即他种之理会，故于他种但习其势，使前已会得之理与后所习之势相合耳，其功故较易也，此经济之道。学者诚能专习一种，依此而行，获益必多。最好先习劈拳，因每拳起首必作劈拳势，不先习劈拳，即无以习他拳。

○普通编拳术者，每用拳术家特别语，如所谓“怪蟒反身”“黑虎出洞”等名。参入无益，故一概不取。

○本编于正述之先，作数语为引言，总论及第一、二二章是也。

○本编第六章《形意拳术之要点及其研究》，其中但举一二为例而研究之，其余未经笔述者甚多，希学者能于精习后，以科学研究方法一一发明之。

○书中多用形意拳术与普通拳术比较语，非欲抑其余以尊一[②]也，以事实如此耳。然普通拳术，亦非可一概而论。如弹腿一种，实用甚多，非其他拳术可比。学者精习而平心以论之可也。且鄙见以为愈比而愈精，安知经如是讨论后，不更产一最胜之拳术哉？幸勿误会。

○后附《形意拳谱》中之要论及交手法，中多要语，并有不可解之字句，盖久而渐异乎原本也，学者不可不细心体察之。

注 释

① 渐趋渐华：越往后越华丽。

② 抑其余以尊一：贬抑其余而推崇一种。

形意拳术目次

形意拳术总论

夫拳术之为用大矣。强健身体，防御外侮，其大纲也。实即为我国国粹，然我国人能之者绝少。在昔士子，多汲汲从事科举之道，猎取功名；其余工艺之徒、商贾之辈，知识学问更属缺乏。以是强身之道，几无有顾而问之者。区区拳术之传，又何望普及哉？外人“病夫”之讥，良有以也。

自列强武器之输入，竞以枪炮为利器，而拳术益替矣！然外人之侨居我国者，每观我国拳术而不胜赞叹惊讶焉。每有从而学之者，侈然以示其国人，众咸奇之。以我国人所鄙夷而不屑学者，外人见之，而反愿得其传。说者谓此皆凡人好奇之心性使然，然拳术之未尝无价值，即此已可见一斑矣。我国人欲定其价值者，当先知所取舍、知所研究，即得之矣。

第一章　拳术之功用

长跑、短跑、跳远、跳高、跳栏、撑杆跳、掷铁球、掷铁饼、掷标枪、足球、篮球、网球、游泳、铁杠、木马诸种运动，除游泳、足球、篮球外，用力之处皆有所偏。如跑跳，则下身用力大于上身；掷铁球、铁饼，则臂与肩用力大于腿与足。若习此种运动，则其肌肉之发达、气力之增加，必局于某部，而他部若未经练习者焉。必欲尽其类而皆习之，以遍获其益，则于时间既不经济，而此种运动器具与地场，即学校内亦未必完备，若在它处，则更难于遂愿。若习拳，则必全身齐力，凝神集气。目欲其明捷，肢欲其活泼，颈欲其灵旋，腹欲其坚实。体既如是，而精神团结、意志果决、刚毅之气、忍耐之力于是乎生矣。且地无所择，不待于广；徒手而操，不待于器。其利便为何如哉？论其应用，不特保护一身，更可保护他人。扶弱抑强，侠义之风，即于此基之。习拳术之利益，非较习各种运动而有特别之优点乎？

第二章　形意拳术之功用

拳术之功用，既于前章言之矣，形意拳术之功用亦不外是。形意拳术者，应用既胜于普通诸拳术，而习之尤利便。无论男女老少，苟志于是，则皆无所困难也。何以知之？曰：无腾跃，无打滚，但求实用，不求可观，以是知其无难也。若习之而达于深奥，则虽力胜于己者，亦不难击之于丈外，制敌之命，易如反掌焉！顾形意之效用，不尽在是，尤能使精神充足，作事敏捷。前者可却病延年，后者可有为于世——此即其功用之最大者也。

第三章　形意拳术之基本五行拳

五行拳者，劈拳、崩拳、攒拳、炮拳、横拳也。分五节以演之。

第一节　劈拳

拳名“劈”者，以其掌之下，如斧之“劈”也。

由立正时起首[1]。

（一）两手握拳。右臂以拳心贴身[2]上升，自心口向上前伸[3]，至拳之高度在眉与颈之间止。当右拳未过心时，右臂[4]已含有右转[5]意，右臑[6]（自肘至肩曰“臑”）亦微转。及右拳自心口伸出时，右臂尽力右转，至右拳之小指屈曲而成之圈形向上[7]为止。其时，右肘正止于[8]心口前[9]，离心口约半尺，肘穴上向[10]。当右臂如是[11]动作时，左臂亦左转[12]向上前伸，即贴身止于前心口[13]，拳心亦上向。有随右肘前伸意。同时，眼视右拳，头向上顶。胸任开展，小腹鼓气，臀向前挺。两膝稍屈，而两胯相夹甚紧。如第一图。

第一图

第二图

（说明）此图本应面左，因面左后右臂不能照见，故面右⑰

（二）左拳由心口前伸，在右肘、右臂之上经过。至两拳相遇处，两拳皆翻成掌，皆手背向上。而左掌斜落、前推，右掌斜落、后拖，止于脐之右旁。两掌之指，其各节皆微弯，各指张开不相着⑭，而虎口（大指与食指之间曰“虎口”）作大圆弯⑮。两掌之大圆弯皆上向。左肘向里紧裹，与第一图右肘无异，惟彼系拳，此系掌耳。⑯右臂紧贴腰处。当两臂如是动作时，左足随左手之前推而亦前进。其前进之形如箭，盖其进也直而速；及其着地，则如箭之中物，足趾紧钩住地，固而不易拔矣。步之大小、随身之长短。其时，右足不动，两膝微弯，左膝与左足跟成垂线，右膝与右足跟成垂线，两腿如剪。在前之左腿，虽有前进意，而亦含后扣意。在后之右腿，虽屹立不前，而颇有前催意。前后相夹，不亦稳乎？其余各部，其用力，始终依前所云。凡以上所示者，观第二图自明。

注 释

①起首：开头，即起势。

②贴身：贴着胸前中线。

③自心口向上前伸：由心口处向前上方钻出。

④右臂：右小臂。

⑤右转：即外旋。

⑥右臑：右大臂。臑，音 nào。

⑦右拳之小指屈曲而成之圈形向上：即小指朝天。

⑧正止于：正好到了。

⑨心口前：心口正前。

⑩肘穴上向：肘窝朝上。

⑪如是：如此。

⑫左转：外旋。

⑬前心口：心口前。

⑭着：贴靠。

⑮虎口作大圆弯：虎口撑圆。

⑯惟彼系拳，此系掌耳：只不过那里是拳，这里是掌而已。

⑰此图本应面左……故面右：此图本应该面朝左，因为朝左后右臂照不上，故而面朝右。

（三）左手收回。收法在①用力拳屈各指，如拉重物然②。及其收至心口，掌复③变为拳矣。于是更自④心口发出，与第一图之右手无异。同时，右掌亦后拉⑤，变拳而出⑥，止于心口，与第一图之左手无异。须留意者⑦，凡后拉而变掌为拳时，其掌皆含有下压之力；凡拳前伸时，皆含有上挑之力。其故维何⑧？盖以其拳或掌在前所止之处⑨，较心口稍高也。同时，左足随左手以⑩出。其步法与前不同。足尖外转约三十度如立正式，然后前进，谓之“垫步”。后

第三图

第四图

足本作垫步者，仍作垫步。“垫步”者，当前足进大步时，后足即上垫，使两足距离有定，以免不稳之患者也。[11]劈拳中，凡随拳而出之步，皆属垫步。此段所说，乃劈拳“拳式”，如第三图[12]是也。

（四）然后右手、右足上前，右手变为掌。与第二图之左手、左足同一动作[13]。此段所说，乃劈拳“掌式”，如第四图[14]是也。

（五）右手、右足之动作，与第三图[15]之左手、左足同。

（六）左手、左足复作如第二图，左手复变为掌。如此络绎不绝。

凡一手一[16]变为掌，为一[17]劈拳。左手欲作劈拳，则必其前着[18]为右拳、右足在前；右手欲作劈拳，则必其前着为左手、左足在前也。

若欲转身，则当左手劈拳时，须自右向后转，而变成右手、右足在前，右手作拳[19]，与欲作劈拳前一着无异。若当右手作劈拳时，则必自左向后转，取其顺也。

在劈拳内，手足皆相随。即：左手在前，则左足亦在前；右手在后，则右足亦在后也。习熟后，可将“拳式”与“掌式”合成一着，即当作“拳式”时，后足不必跟上立住，可直前进步[20]作“掌式”也。

注 释

①在：在于。

②如拉重物然：就像（往回）拉一个重物。

③复：又。

④更自：再从。

⑤右掌亦后拉：右掌也先往后拉回。

⑥变拳而出：再变成拳钻出。

⑦须留意者：需要注意的是。

⑧其故维何：这是什么缘故呢？

⑨在前所止之处：在前面所到的地方。止，至，到。

⑩以：而。

⑪后足本作垫步者……以免不稳之患者也：原本作为垫步的后（左）脚，仍做垫步（按：这一“垫步”现通称“跟步”，即跟进半步）。“垫步”（按：即“跟步”），就是当前脚进大步时，后脚立即往上垫半步（按：即跟进半步），使两脚距离一定，以避免立身不稳。

按：这一段文字当为误置，作者原文中，此段当在下文第四条最后一句话之前。则原文本来应当是：

……同时，左足随左手以出。其步法与前不同。足尖外转约三十度如立正式，然后前进，谓之“垫步”。劈拳中，凡随拳而出之步，皆属垫步。此段所说，乃劈拳“拳式”，如第三图是也。

（四）然后右手、右足上前，右手变为掌。与第二图之左手、左足同一动作。后足本作垫步者，仍作垫步。“垫步”者，当前足进大步时，后足即上垫，使两足距离有定，以免不稳之患者也。此段所说，乃劈拳“掌式”，如第四图是也。

⑫ 第三图：应看第四图，原书第三图与第四图放反了。

⑬ 同一动作：动作相同。

⑭ 第四图：应看第三图，原书第三图与第四图放反了。

⑮ 第三图：应看第四图。

⑯ 一：一次。

⑰ 一：一个。

⑱ 前着：前一着，前一个动作。

⑲ 右手作拳：即右手打出钻拳（按：即起手横拳）。

⑳ 直前进步：直接向（前脚）前进步。

译 文

第一节 劈拳

拳名叫作“劈”，是因为它的掌劈下，就像斧“劈”一样。

由立正时起势。

（左劈拳）

（一）两手握拳。右手让拳心贴着胸前中线上升，（至心口处时）再从心口处向前上方钻出，到拳的高度在眉与颈之间时为止。当右拳还没有到达心口处时，右小臂已含有外旋之意，右臑（自肘至肩称为“臑”）也微微外旋。到右拳从心口钻出时，右臂更要尽量外旋，至终点时右拳小指朝天。这时，右肘正好位于心口前，离心口约半尺远，肘窝向上。当右臂这样动作时，左臂也贴身外旋、左拳向前上钻伸至心口前，拳心也向上。左拳有随着右肘前伸之意。同时，眼看右拳，头向上顶。虚胸实腹，臀部向前包住。两膝稍屈，而两胯紧紧相夹。如第一图。

（二）左拳由心口处往前上伸，在右肘、右臂之上经过。到两拳相遇处时，两拳都变掌，翻成手背向上。再左掌斜落、前推；右掌斜落、后拖，停在肚脐右旁。两掌的手指各个关节都要微弯，各个手指张开、不要并拢，虎口要撑圆。两掌的虎口都向上。左肘向里紧裹，与第一图的右肘无异，只不过那里是拳，这里是掌而已。右臂紧贴右肋。当两臂这样动作时，左脚也随着左手的前推而前进。它前进的形象像箭一样。因为它的前进直接而快速；到它着地之时，则像箭射中猎物，脚趾紧钩住地，稳固而不易摇动。（定势时）两脚的距离大小要与自身的高矮相协调。这时，右脚不动，两膝微弯，左膝与左脚跟成一条铅垂线，右膝与右脚跟成一条铅垂线，两腿像剪刀一样（有横向的夹剪力）。前面的左腿，虽有前进之意，而也含有后扣之意。后面的右腿，虽屹立在原地不往前进，但也颇有前催之意。前后相夹，不也很稳吗？其余各部，它们的用力方法，始终按前面所说的做。凡是以上所讲的，看第二图自明。

（右劈拳）

（三）左手收回。收法是用力蜷屈各指，就像往回拉一个重物一样。到它收回到心口时，掌又变成了拳。于是再从心口钻出，与第一图的右手无异。同时，右掌也微向后拉，再变拳钻出至心口处，与第一图的左手无异。须留意的是，凡是后拉而变掌为拳的时候，其掌都含有下压之力；凡是拳往前伸出时，都含有上挑之力。这是什么缘故呢？因为拳或掌在前面所到之处，比心口稍高。（与左手钻拳）同时，左脚随左手而出。这种步法与前面的进步不同。脚尖外撇约30度（像立正式一样），然后前进，叫作“垫步”。劈拳里面，凡是随着出拳而出的步，都属于垫步。这一段所说的，乃是劈拳的“拳式”，见第三图（按：应为第四图）。

（四）然后右手、右脚上前，右手变为掌（右脚大进一步到左脚前）。与第二图的左手、左脚动作相同。原本作为垫步的后（左）脚，随即再跟进半步。“跟步”，就是当前脚进大步时，后脚立即往上跟进半步，使两脚距离一定，以避免立身不稳。这一段所说的，乃是劈拳的“掌式”，见第四图（按：应为第三图）。

（左劈拳）

（五）再右手钻拳、右脚垫步，与第三图（按：应为第四图）的左手、左脚相同。

（六）左手劈、左脚大进一步到右脚前，动作与第二图相同，只是左右相反。像这样左右交替练习。

凡是某一只手由拳变掌一次，为一个劈拳。左手要作劈拳，则它的前一势一定是右拳、右脚在前；右手要作劈拳，则它的前一势一定是左手、左脚在前。

如要转身，则当打出左手劈拳时，须从右向后转，而变成右手、右脚在前，右手钻出，与要作劈拳的前一动无异。当打出右手劈拳时，则必须从左向后转，这样才顺。

在劈拳中，手脚总要相随。即：左手在前，则左脚也在前；右手在后，则右脚也在后。习熟以后，可以将“拳式”与“掌式”合成一着，即当作“拳式”时，后脚不必跟上立住，可直接向（前脚）前进步做“掌式”。

第二节　崩拳

“崩”之为义，山坏也。山之坏，其势必甚猛，而此拳之性似之，故名。其起首与劈拳之第一、第二二图无异。其先，盖作劈拳“掌式”也。①

（一）当作劈拳式时②，在前之左手与在后之右手同时变掌为拳，食指及大指所屈成之圈向上③，在前之左手如是。右手则拳心向上。

然后左拳抽回，放在腰旁。抽时拳心即翻向上。同时，右拳自心口伸出④。伸时拳心即翻向在旁⑤，即变成方才⑥在前之左拳式也。学者须注意者，右肘终须里裹，与劈拳同。庶几肘穴上向，微见下弯，则全肢不觉僵直矣。此中妙处，久习自得⑦（可参观第六章）。同时，左足随右拳之前击而出，步法与劈拳“掌式”无异，即足尖平直前射⑧也。然后右足跟上，仍作垫步。惟此步须较劈拳之

第五图

第六图

第七图

步为小，右足竟可与左足跟接触，壮其势也。同时身须直挺；头上顶，切勿下垂。腿势必微弯，以步过小也。其式与劈拳第一图之腿同。以上所说，观第五图更明。

（二）然后左拳发出，右拳收回，法与第五图同。惟无论何拳在前，左足终[9]在前，而右足终自后跟上，如第六图。

（三）转身时，须由右边转[10]。转后右拳作劈拳之“拳式”[11]。右腿抬起，脚底向外，所以踏人也[12]，如第七图。

第八图

（四）遂作[13]劈拳之“掌式”：左手前推，右手后收，右腿落于左足前，右足横如“一”字[14]。如第八图。

（五）然后左足、右拳又前发[15]，与第五图同。相继不绝[16]如此。凡转身必从右转，以[17]左足始终在前，不便左转也。

注 释

①其先，盖作劈拳“掌式”也：在它的前面，先打成劈拳的“掌式”。

②当作劈拳式时：由左劈拳（掌）式。

③食指及大指所屈成之圈向上：虎口向上。

④伸出：打出。

⑤在旁：当为左旁。

⑥方才：刚才。

⑦久习自得：久久练习自能领会。

⑧前射：向前射出。

⑨终：始终，总是。

⑩由右边转：即右后转身。

⑪劈拳之“拳式”：即钻（横）拳。

⑫所以踏人也：是用来踏人的。

⑬遂作：接着做。遂，于是。

⑭右足横如“一”字：右脚外横，成一个“一”字。

⑮前发：向前发出。

⑯不绝：不断。

⑰以：因为。

第三节 攒拳

“攒”之为义，聚也。此拳之动作有似乎攒，故曰“攒”拳。[1]其起首，仍如崩拳之先作劈拳式，如劈拳第一、第二二图是也。

（一）两掌变成拳[2]。在前之左拳拳背向上，在后之右拳亦然[3]。左拳有下压意，右拳若欲前伸者然[4]。同时，在前之左足进步[5]，

（说明）此图左拳手背犹未翻向上⑦

第九图

第十图

在后之右足跟上⑥。步法与劈拳"拳式"之步法同，如第九图。

（二）于是左臂下压、收回，右拳向左臂上击出，其法正与劈拳"拳式"同。左臂止于脐之左旁，贴身靠住，拳背上向。同时右足随右拳出⑧，左足即跟上⑨，步法与劈拳"掌式"之步法同。步之大小随便⑩。如第十图。

（三）左拳击出时仿前⑪。

（四）转身有二法：

（甲）与劈拳同。

（乙）设左手、左足在前，则向右转，变成右足在前。当转时，左拳先前伸，下压、收回；于是右拳乘此由左拳上击出。右足转后在前，立刻随右拳之击出而进步。左足更跟上⑫。如第十一图。此法甚妙：当敌人自后攻来时，我一拳将彼攻我之拳压下，而同时右拳已击中其面矣！

第十一图

习熟后可将（一）、（二）两动作合成一着[13]，即当第一动作时，左足前进，右足更不必跟上立住，可即接以第二动作也。

注　释

①"攒"之为义……故曰"攒"拳：攒（cuán）的意思是聚集、集中。而该拳的动作又像攒（zuān，通"钻"），所以叫作"攒（zuān）"拳。

②两掌变成拳：（由左劈拳起势，）两手同时握拳。

③亦然：也是这样（指拳背向上）。

④左拳有下压意，右拳若欲前伸者然：左拳有下压之意，右拳像要往前打的样子。

⑤进步：往前垫步。

⑥跟上：当指跟上提起。

⑦此图左拳手背犹未翻向上：此图中左拳还没有翻成拳背向上。

⑧右足随右拳出：右脚随右拳的钻出而进步。

⑨左足即跟上：左脚随即跟进半步。

⑩步之大小随便：（定势时）两脚距离的大小根据各人高矮而定。

⑪左拳击出时仿前：左手钻拳的打法仿照前述（右手钻拳打法）。

⑫当转时……左足更跟上：这一段所讲分为两动。先左拳随着右后转身向前伸出（此时右脚在前），再右脚进一步、左脚跟进半步，同时，左拳下压、收回，右拳由左拳上钻出。更，再。

⑬一着：一个（连续的）动作。

第四节　炮拳

炮之取义，与崩略同，谓其拳之作用似"炮"也[①]。起首先作劈拳式。

（一）一时[②]二掌变拳。在前之左掌，当变拳时，即收回。收时拳背向下[③]，贴身放于脐之左旁。在后之右掌，变拳后，亦拳背下向，贴身放于脐之右旁。同时，在后之右足，半向右进步[④]；左足即跟上，以左足之右旁贴住右足之左旁。左足须提起，勿着地[⑤]。两腿微弯。身虽半右向，而头则半左向。[⑥]如第十二图。

（说明）左足非必贴住右足。书中所说，使此着与下着相连者也。而图中则不得不分二着[⑦]

第十二图

（二）左拳贴身上升，拳背仍下向；至面处[⑧]忽然翻转[⑨]，变成拳心外向，而拳背则止于额前，不贴于额。翻时，全臂用力向外上推，此拳所以破敌从高击下之拳也。同时，右手即作崩拳，向头所向之方[⑩]击去，则敌人且中我拳矣[⑪]。盖形意妙处，大概如是。每发拳攻人，同时可自护；及[⑫]人攻我而我自护时，我亦能即此攻人[⑬]，故人每不及自御也[⑭]。然犹未尽其妙[⑮]。当此之时，我不着地之左足，乘此作箭步，向右手击出之方进去，而右足自后跟上。其步法如崩拳。两腿微弯，右腿有前催之力；而在前之左腿，则虽前向，亦颇含有稳立意。同时将全身之气收聚于小腹，暗运于四肢，则其二臂之力本不多者，至此终须增加数倍矣。⑯以其数倍其力，故虽壮夫，莫之能当也。⑰如第十三图。

第十三图

注 释

①炮之取义……谓其拳之作用似“炮”也：炮的含义，与崩大略相同，是说该拳的作用像“炮”。

②一时：同时。

③拳背向下：即拳心向上，下文“拳背下向”同。

④半向右进步：向左脚的右前方进步。半向右，即半向前、半向右。

⑤左足即跟上……勿着地：左脚立即跟上，以左脚里侧贴住右脚的内踝。左足必须提起，不要着地。

⑥身虽半右向，而头则半左向：身虽拧成半面向右（即半向前、半向右），而头则要半面向左。

⑦左足非必贴住右足……不得不分二着：左脚不一定非得贴住右脚。书中所讲的，是将这一动与下一动连起来的练法。而图中则不得不分成两个动作。

⑧面处：脸前。

⑨翻转：指内旋。

⑩头所向之方：即左前方。

⑪则敌人且中我拳矣：则（我不但破解了敌人的攻击，）而且敌人也同时被我拳击中了。

⑫及：及至。

⑬即此攻人：就着这（自护之势）攻击敌人。

⑭故人每不及自御也：因此敌人每每来不及自御。

⑮然犹未尽其妙：然而还没有把它（按：指炮拳）的妙处全部表达出来。

⑯当此之时……至此终须增加数倍矣：这一段是说，再加上脚蹬、气催、身进，可使击人之力比仅靠两臂屈伸增加数倍。

⑰以其数倍其力……莫之能当也：因为它将力增加到数倍，所以就算是壮汉，也抵挡不住它的进攻。

（三）现在此身之方向，系半向左①。在前之左足，仍向此方前进，右足跟上、提起，靠于左足旁。②两拳收下，置于脐之两旁，与“一”相似。③如第十四图④。

（四）右拳向上外翻，左拳作崩拳击出。提起之右足，随在⑤拳向右前发出；左足跟上⑥。与（二）同。如第十五图。

如此不绝。

转身时，若当身半向左时⑦，则左腿向右钩，身即转向后。右足仍跟上、提起、靠住。如第十六图⑧。然后右足、左拳发出⑨，与前无异。其进步之方向，观第十七图自明。横拳进步之方向亦然⑩。

第十四图

第十五图

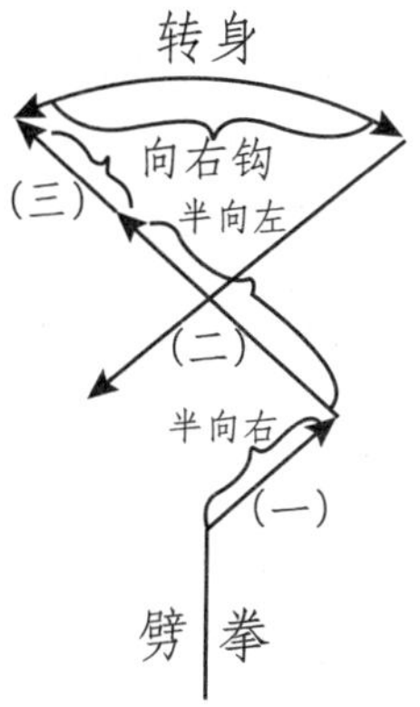

第十七图

第十六图

（说明）此图与第十四图惟方向不同，彼前去，此转回，但形式则无异⑪

注 释

① 半向左：半向左、半向前，即向着左前方。

② 在前之左足……靠于左足旁：左脚向左前方垫步，右脚跟提。

③ 两拳收下……与“一”相似:(同时，身左拧)将两拳收回到肚脐两旁，成“一”字形。

④ 如第十四图：这是后右脚提起、还没有跟上的一瞬间，第十二图也是如此（见“第十二图说明”）。

⑤ 在：当为“左”。

⑥ 左足跟上：左脚（向右前方）跟进半步。

⑦ 若当身半向左时：即当（向左前方）打出右手炮拳时。

⑧ 则左腿向右钩……如第十六图：则随着右后转身，左脚提起、扣落在（转身前的）右后，右脚随即跟上、提起、靠住。如第十六图。

按：第十六图是用了第十四图（读者应照转身后来理解），且是左脚跟提前的情形。

⑨ 发出：这是说向转身后的右前方打出左手炮拳。

⑩ 横拳进步之方向亦然：横拳的进步路线和转身方法也是这样。

⑪ 此图与第十四图……但形式则无异：此图与第十四图只有方向不同，那个图是往前打，这个图是往回转身，但形式上没有不同。

第五节 横拳

此拳用法，不直而横[①]，故名"横"拳。起首作劈拳式。

（一）在后之右足进步，左足跟上、提起，与炮拳同[②]（学者须记横拳与炮拳步法同）。同时掌变为拳。在前之左掌变为拳时，拳心翻向上，仍置于前，肘仍紧裹。在后之右掌变拳后，手背仍上向。其余皆与炮拳同。如第十八图。

（二）右拳自左肘下，向左前发出。拳刚过肘时，即翻转，使拳心上向，而肘紧裹，与攒拳相似。同时左拳收回，贴身放于脐之左旁。方才提起之左足，此时即向左前作箭步射出，与炮拳全合。如第十九图。

第十八图

第十九图

（说明）此图当面右

（三）左足前进一步，[3] 拳不动（以后每欲打横拳前，必先将前足进一步，所以使手足之动相符不乱也）。然后左拳由右肘下，向右前作攒拳击出。右拳收回。同时右足向右前进步。如第二十图是也。

如此络绎不绝。

转身时，与炮拳同。惟当腿钩身转时，拳不动。待既钩既转 [4] 后，始从肘下发出耳。

第二十图

注 释

① 此拳用法，不直而横：此拳的用法，主要不是用它的直劲，而是用它的横劲。

② 在后之右足进步……与炮拳同：（由左劈拳掌式）后右脚大进一步到左脚的右前，左脚随即跟上提起，与炮拳相同。

③ 左足前进一步：左脚向左前方垫进一步（右脚跟上提起）。

④ 既钩既转：已钩已转。既，已经。

第四章　进退连环拳

进退连环拳者，连五拳而成者也。凡十一着[①]。

（一）劈拳。如第二十一图。

（二）崩拳。如第二十二图[②]。

（三）退步崩拳。其法先将在后之右足退后一步；然后左足更[③]退一步于右足后，同时右拳收回、左拳发出。如第二十三图。

第二十一图

第二十二图

第二十三图

第二十四图

第二十五图

第二十六图

（四）顺步崩拳。顺步崩拳者，右足、右拳或左足、左拳同在前之谓也。此时不便左足自后进步[4]而右拳同时击出，故即使[5]在前之右足与右拳同时前发[6]也。同时左拳收回，左足跟上[7]。如第二十四图[8]。

第二十七图

（说明）但其不同点在下部，此图之两足当相并如书中所说

（五）双横拳[9]。两拳相交，右拳在外，身半向左。如第二十五图[10]。然后两拳分开，两臂作一半圆弯。切勿僵直，仍须微弯而含力。如第二十六图。然后左拳放开，右拳与左拳合于脐处，贴身靠住。当两手分开时，在后之左足退后一步；及二手合时，在前之右足即与左足相并。身仍半向左。如第二十七图。[11]

（六）炮拳。作左拳、右足在前之炮拳[12]。如第二十八图。

第二十八图

第二十九图

第三十图

第三十一图

第三十二图

第三十三图

（七）退步劈拳。法在先退右足；右拳落下时，向前作一半圆形。左拳须先抽回，然后再劈出。同时左足稍退，须在右足前。[13]如第二十九图。

（八）劈拳。但此劈拳仍须左手、左足在前。其法在将在前之左掌，转变成拳而抽回至心口，更自心口劈出；同时贴身靠住之右手，亦变拳后仍变掌。[14] 如第三十图。

（九）攒拳。右手、左足在前[15]。如第三十一图。

（十）劈拳。左手、右足在前[16]。如第三十二图。

（十一）崩拳[17]。如第三十三图。

（十二）作崩拳转身。转后次序仍如前[18]。至再作退步崩拳时止，即以退步崩拳收式[19]。

注 释

① 凡十一着：共十一个动作。

② 第二十二图应该面向右，这里是用了崩拳的第五图，应该用后面"第二十四图"正好。

③ 更：再。

④ 不便左足自后进步：不方便左脚从后面进步到右脚前。

⑤ 故即使：所以就让。

⑥ 前发：向前发出。

⑦ 左足跟上：左脚跟进半步。

⑧ 第二十四图误，下部桩法应为左脚在后、右脚在前的三体式桩步。

⑨ 双横拳：现通称为"白鹤亮翅"，即变式鲐形。

⑩ 第二十五图：应为背朝读者，面朝右。下面二十六、二十七、二十八图、三十一图都应为面朝右。

⑪ 然后两拳分开……如第二十七图：这一段应当都是第二十六图至第二十七图的动作说明，第二十五图至第二十六图的动作没有说明。全部动作说明补充如下：

两拳交叉着向上撑举至额前（第二十六图），然后两拳分开（右拳向右前、左拳向左后），两臂各做一个半圆形落下（两臂要微弯而含力，切勿僵直）。再左拳放开成掌，右拳与左掌对击相合于肚脐处，贴身靠住。当两手分开时，后左脚退后一步（略偏左）；到两手相合时，前右脚即退回与左脚相并。身仍半向左、半向前（第二十七图）。

按：第二十七图说明特注“此图之两足当相并如书中所说”，图中两脚应当并在一起，望读者知悉。

⑫作左拳、右足在前之炮拳：（由上式）右脚向前（略偏右）进步，打出左手炮拳。

⑬法在先退右足……须在右足前：方法是先将右脚退到左脚后，同时右拳向前作一个半圆形砸落、左拳抽回胸前；然后再右手拉回、左手劈出，同时左脚稍退，但仍在右脚前。

⑭但此劈拳仍须左手、左足在前……亦变拳后仍变掌：但是这个劈拳仍是左手、左脚在前的劈拳。方法是将前左掌变拳抽回至心口，再从心口劈出；同时右手也变拳钻出后，再变掌拉回。

⑮攒拳。右手、左足在前：（由上式左劈拳，）再直接右脚蹬、左脚进、右脚跟，打出右手拗步钻拳。

⑯劈拳。左手、右足在前：（由上式，）先左脚往前（略偏左）垫步，右脚向前蹬出，再右脚外横踩落在左脚前（略偏右），左脚跟微离地面，成交叉半坐盘步。垫步、蹬腿时两手在原位，右脚踩落时两手右拉、左劈，打出左手劈拳。

⑰崩拳：（由上式，）先右脚垫步，再左脚大进一步到右脚前，打出右手崩拳（右脚随即跟进到左脚后）。

⑱转后次序仍如前：转身后（往回打）的练习顺序仍与（转身前）相同。

按：转身后再依次打（二）至（十二）各节至起势处。

⑲至再作退步崩拳时止，即以退步崩拳收式：到再打出退步崩拳时为止，就以退步崩拳势收式。即，就。

按：即崩拳转身后，再打进步崩拳、退步崩拳、收式。

第五章 形意玄义

形者，式也；式在外，人得而见之。意者，志之所至也；意非形，人莫得而见之。意主乎形，形不能自动，凡形之动，多意使之。虽心肺等无意而终不息其运动，然心肺实未尝自动也，此近世生理学家所公认者也。凡形之动，其机在筋肉。筋肉强壮而意不锐敏，则力虽大而其动迟。筋肉既强壮而意又锐敏，庶乎善矣。虽然，犹未也。设令其骤遇强敌，仓卒之间，欲其处以常态、应以妙手，亦难矣哉！是犹令未学之孩童，初试其手工也，鲜克心手相应。然久习形意拳术，则亦不难为之矣。夫今之新教育家，每竭力提倡工艺。工艺之要，惟在心手相应耳。然则设有精通形意之术以习工艺者，其习之也，当较易矣。由是观之，形意之功用，岂仅限于强身自卫哉？抑又有进于是者。聚气于胸，则喘而不久；聚气于小腹，则久而不碍呼吸。渐积渐充，而此气浩然，更可以意导之。若当拳之击出时，则导之于拳，是不啻以全身之力，运而聚于拳之一点，其势之猛，宁可当耶？若偶犯不适，则导气于病处；血来贯注，其中白血轮实能杀微生物而去其病。且刚直之气，充塞两间，精明强干，神色粲然，孟子所言，岂欺吾哉？必如此，始可以膺重任。其为社会，为一己，谋事均无遗憾矣。今但举其大概如此，若夫神而明之，尤在于善悟者。

第六章　形意拳术之要点及其研究

形意拳术之要点凡四：

一、闭口，舌抵上腭，津生则咽下

闭口者，所以保气之不外泄，而防空气中之秽物入口也。不但习拳时宜如此，凡不用口时皆宜如此。

舌抵上腭者，所以生津液，使口不干燥也。

津生下咽，则更使喉间亦滋润也。

二、裹肘，垂肩，鼓腹，展胸

裹肘则臂必微弯，微弯则肩之力可由此而运至于手。此一要点，凡形意门中拳数[①]皆不能脱离乎此。试论劈拳：必如此而全身之力始能运于五指之端。故人每以为五指力弱，安能击人而仆之于丈外？而不知五指之力果弱，今得全身之力皆聚于此，则亦何难为哉！若不裹肘则臂僵，僵则力止于臂而不能外发，学者盍一一试之，即可知矣。

垂肩者，使气不浮，而下聚于小腹也。若不垂肩，其能久持者几希矣。鼓腹者，聚气于小腹也。人身有二大藏气处，一为肺，一为脐下小腹。藏气于肺，则不久必放，呼吸使之然也。今藏气于小腹，则肺之呼吸既不能引之外泄，而积气于此，亦无碍于呼吸，如是气当舒足，必能久持。不然，甫交手而喘声大作，面红耳赤，心跳勃勃，脉张力竭，殆矣！

展胸者，所以使积气不碍呼吸也。每有欲聚气于小腹，而强迫肺中之气于小腹者。其迫之也，必抑胸使平，其结果必至于肺部不发达，而呼吸多阻碍，伤身最甚矣！故今虽鼓气于小腹，而于肺则一任其自展，庶即可无害焉。

三、两腿相夹，足趾抓地

两腿相夹者，即所以免身之前后倾倒也。尝见壮汉斗一较弱而活泼者，以壮汉之力而论，宜足以胜敌也，而每有致败者，用力偏也。盖当其进步时，或全身前倾，毫无后持之力，故其敌得借其力、乘其势以仆之。

足趾抓地，即所以使身更稳固也。

四、目欲其明，欲其敏，更欲其与心手相应

交手之时，原全恃乎心手之作用。而据其最重要之地位者，目是也。目而不明、不敏，不能与心手相应，而能胜人者，亦鲜矣。此理人皆知之，然用目于交手之时当若何？此则所宜研究者也。

（一）交手之时，高则视敌之目。以其目之所视，必其手之所向也。

（二）中则视敌之心。以其手之出入必在心前也。

（三）下则视敌之足。以其足之所向，即其身之所在也。

注 释

①拳数：拳路，拳套。数，路数，种类。

第七章　形意拳术之特长处

形意拳术之较长于普通拳术者凡三端：

一、身稳气平

每见习普通拳术者，辗转腾跃，时用足踢人。非不美观也，非不可谓为一种运动也，然不足以交手，何也？我劳人逸，我危人安也。夫两相交手时，两足犹恐不能稳立，宁有暇分其一足以踢人乎？苟踢而不中，其败也必矣。且二目瞿瞿静观敌之动以应可也，何为而腾跃以自劳乎？形意则无如此无益之举动。

二、拳法简捷

普通之拳术，其臂之动也，守为一着，攻为一着。若人攻我，则必先御之，而后得攻之。形意则不然，攻即守，守即攻，一着而备二用。何以言之？曰，试论劈拳之“拳式”[①]：设人以左拳[②]攻我心口，无论其拳之高低如何，我但进步向其右旁，以右劈[③]作劈拳之“拳式”，架住其臂，是我已自防矣；同时我但如此前进，我臂即斜刺[④]擦其臂而前。苟其手不敏，必中我拳矣，此“守即攻”之谓也。苟其手而敏，则必将我拳撩起外推，然我于是即乘其撩推之势而抽回我拳，同时将拳渐向下沉，沉后变拳作掌，骤成[5]劈拳，前推其身，彼虽欲防，必不及矣。何也？彼之撩而推也，必用大力，势难一时收回，我则本借其力，而急欲攻之者也。我但作一圆圈，而彼已中我拳矣。我一臂攻之，而使其不暇自防，更无暇攻我，是不啻“攻即守”矣，形意拳术不诚灵便乎？

或曰：“崩拳甚直，恐无如此妙用。”应之曰：“崩拳亦有二用。”苟敌攻我之拳而高也，则我拳自其拳下斜入，作上挑之力。当我拳斜入时，我身必进至敌之旁，则彼之拳我已躲过。我今在其拳下作上挑之力，同时又不废前击，则彼拳即欲下压我拳，必已不及；即及，亦不能竟压我拳，以我已预防也，而同时彼身已中我拳矣。苟敌攻我之拳而低也，则我拳自其拳上斜击，作下压之力。彼拳被我压下，则其臂之长不能及我身，而我拳自彼拳上擦过，已中其身矣。孰谓崩拳无二用乎？

三、养气壮志

此长处惟作内功者始能得之，形意则内外功兼有之，广如第五章所说。

形意拳术初步终。

注 释

①劈拳之"拳式"：即劈拳的第一动——垫步钻（横）拳。

②左拳：据下文，此处当为"右拳"。

③右劈：当为"右臂"。

④斜刺：斜刺（里），斜着。

按：对方用右手向我进攻时，我前左脚向我的左前方进步。这时，我方身在对方的右前方，我同时出右手，以劈拳的拳式搭接对方右手臂，并向他的头身中线逼挤钻（闪、进、顾、打合一）。对于他来说，我的手是斜着过来的，所以说"斜刺（里）"。

⑤骤成：骤然变成。

译 文

形意拳术优于普通拳术的地方有三点：

一、身稳气平

每每见到练习普通拳术的人，辗转跳跃，时不时还用脚踢人。这样不是不美观，不是不能称为一种运动，然而不能够交手，为什么？因为那样的话我劳而人逸，我危而人安。两人交手时，两只脚还怕站不稳，哪有空分出一只脚来踢人呢？假如踢而不中，那一定失败了。且二目瞿瞿静观敌人的动静来应对就可以了，干吗要跳来跳去劳动自己呢？形意拳就没有这样无益的举动。

二、拳法简捷

普通拳术，其手臂的动作，守是一下，攻是一下。若有人进攻我，则必须先做防守动作，而后才能进攻对方。形意拳则不然，攻就是守，守就是攻，一个动作而同时有两个用处。为什么这么说呢？我们试着讨论一下劈拳的"拳式"：假设对方用右拳打我的心口，无论他的拳高低如何，我只需进步到他的右侧，用右臂做劈拳的"拳式"，架住他的手臂，这样我已经护住自己了；同时我就这样前进，我的手臂就斜刺里擦着他的手臂往前打去。假如他的手臂不够敏捷，那一定被我击中了，这就是"守即攻"的道理。假如他的手臂反应敏捷，则一定会将我的手臂撩起并往外推，然而我这时就趁着他的撩推之势而抽回我的拳，同时将拳往下沉坠，沉下后拳变成掌，再骤然发出劈拳，向前推劈他的身体，他虽想招架，必定已经来不及了。这是什么原因呢？他的撩和推，一定会用很大劲，势必难以一时收回，我则本来是借他的力，而急着要进攻他。这样我只是手臂划一个圆圈，而他已经被我击中了。我只用一只手臂进攻，就能使他没有机会防护自己，更没有机会进攻我，这就不只是“攻即守”了，形意拳术不是确实很灵便吗？

也许有人会说：“崩拳就是一条直线，恐怕没有这种巧妙的用法吧。”那我要跟他说：“崩拳也是一拳二用。”假如敌人打来的拳高，则我的拳从他的拳下斜着进去，往上挑打。当我的拳斜着打进时，我的身体必须进至敌人的侧面，则他的拳我已躲过。我现在在他的拳下往上挑，同时又不停止往前打，则他的拳即使想往下压我的拳，必然已经来不及；就算来得及，也不能完全压住我的拳，因为我已经预先防备，而且同时他的身体已经被我拳击中了。假如敌方打来的拳低，则我的拳从他的拳上斜着进去，往下压打。他的拳被我压下，则他的臂长不能触及我身，而我的拳从他的拳上擦过，已击中他了。谁说崩拳没有二用呢？

三、养气壮志

这个长处一般只有修炼内功的人才能得到，而形意拳则内外功兼而有之，其功能的广泛就像第五章所说的。

附　岳武穆形意拳术要论

民国四年夏，余南归，过吾乡原公作杰家，取其所藏武穆拳谱读之，中有要论九篇、交手法一篇，虽字句间不无差误，然其行文瑰玮雄畅，洵为武穆之作。而论理精透，尤非武穆不能道。余曰：此形意旧谱也，得此灵光，形意武术，其将日久而弥彰乎！急录之，携入京师，公诸同好。天下习武之士，与凡素慕武穆其人者，其守此勿失可也。济源后学郑濂浦谨识。

一要论

从来散之必有其统也，分之必有其合也。以故天壤间四面八方，纷纷者各有所属；千头万绪，攘攘者自有其源。盖一本散为万殊，而万殊咸归于一本，事有必然者。且武事之论，亦甚繁矣。而要之千变万化，无往非势，即无往非气。势虽不类，而气归于一。

夫所谓“一”者，从上至足底，内而有脏腑、筋骨，外而有肌肉、皮肤、五官百骸，相连而为一贯者也。破之而不开，撞之而不散。上欲动而下自随之，下欲动而上自领之，上下动而中节攻之，中节动而上下和之。内外相连，前后相需。所谓“一贯”者，其斯之谓欤！而要非勉强以致之，袭焉为之也。当时而静，寂然湛然，居其所而稳如山岳；当时而动，如雷如塌，出乎尔而疾如闪电。且静无不静，表里上下，全无参差牵挂之意；动无不动，左右前后，并无抽扯游移之形。洵乎若水之就下，沛然而莫之能御；若火之内攻，发之而不及掩耳。不假思索，不烦拟议，诚不期然而然，莫之致而至！是岂无所自而云然乎？盖气以日积而有益，功以久练而始成。观圣门一贯之传，必俟多闻强识之后，豁然之境，不废格物致知之功：是知事无难易，功惟自尽。不可躐等，不可急遽。按步就步，循次而进，夫而后官骸肢节，自有通贯；上下表里，不难联络。庶乎散者统之，分者合之，四体百骸，终归于一气而已矣。

二要论

尝有世之论捶者而兼论气者矣。夫气主于一，可分为二。所谓“二”者，即呼吸也，呼吸即阴阳也。捶不能无动静，气不能无呼吸。吸则为阴，呼则为阳；主乎静者为阴，主乎动者为阳。上升为阳，下降为阴；阳气上升而为阳，阳气下行而为阴；阴气下行而为阴，阴气上行即为阳。此阴阳之分也。何谓清浊？升而上者为清，降而下者为浊；清气上升，浊气下降；清者为阳，浊者为阴。而要之阳以滋阴，浑而言之统为气，分而言之为阴阳。气不能无阴阳，即所谓人不能无动静，鼻不能无呼吸，口不能无出入，此即对待循环不易之理也。然则气分为二，而实在于一，有志于斯途者，慎勿以是为拘拘焉。

三要论

夫气本诸身，而身之节无定处。三节者，上、中、下也。以身言之：头为上节，身为中节，腿为下节。以上节言之：天庭为上节，鼻为中节，海底为下节。以中节言之：胸为上节，腹为中节，丹田为下节。以下节言之：足为梢节，膝为中节，胯为根节。以肱言之：手为梢节，肘为中节，肩为根节。以手言之：指为梢节，掌为中节，掌根为根节。观于是，而足不必论矣。然则自顶至足，莫不各有三节。要之，若无三节之分，即无着意之处。盖上节不明，无依无宗；中节不明，浑身是空；下节不明，自家吃跌。顾可忽乎哉？至于气之发动，要皆梢节动，中节随，根节催之而已。然此犹是节节而分言之者也；若夫合言之，则上自头顶，下至足底，四体百骸，总为一节，夫何三节之有哉？又何三节中之各有三节云乎哉？

四要论

试于论身、论气之外，而进论乎梢者焉。夫梢者，身之余绪也。言身者初不及此，言气者亦所罕论。捶以内而发外，气由身而达梢。故气之用，不本诸身，则虚而不实；不形诸梢，则实而仍虚。梢亦乌可不讲？然此特身之梢耳，而犹未及乎气之梢也。四梢维何？发其一也。夫发之所系，不列于五行，无关于四体，似不足论矣。然发为血之梢，血为气之海，纵不必本诸发以论气，要不能离乎血而生气。不离乎血，即不得不兼及乎发。发欲冲冠，血梢足矣。抑舌为肉梢，而肉为气囊，气不能行诸肉之稍，即无以充其气之量。故必舌欲催齿，而后肉梢足矣。至于骨梢者，齿也；筋梢者，指甲也。气生于骨，而联于筋。不及乎齿，即未及乎筋之梢；而欲足乎尔者，要非齿欲断筋，甲欲透骨不能也。果能如此，则四梢足矣。四稍足，而气亦自足矣，岂复有虚而不实，实而仍虚者乎？

五要论

今夫捶以言势，势以言气。人得五脏以成形，即由五脏而生气，五脏实为生性之源，生气之本，而名为心、肝、脾、肺、肾是也。心为火，而有炎上之象；肝为木，而有曲直之形；脾为土，而有敦厚之势；肺为金，而有从革之能；肾为水，而有润下之功。此乃五脏之义，而必准之于气者，以其各有所配合焉。此所以论武事者，要不能离乎斯也。

胸膈为肺经之位，而为诸脏之华盖。故肺经动，而诸脏不能静。两乳之中为心，而肺包护之。肺之下，胃之上，心经之位也。心为君火，动而相火无不奉合焉。而两胁之间，左为肝，右为脾。背脊十四骨节皆为肾。此固五脏之位，然五脏之系，皆系于背脊，通于肾髓，故为肾。至于腰，则两肾之本位，而为先天之第一，尤为诸脏之根源。故腐水[①]足，而金、木、水、火、土咸有生机。此乃五脏之位也。

且五脏之存于内者，各有其定位；而具于身者，亦自有所专属。领顶脑骨背，肾是也。两耳亦为肾。两唇、两腮，皆脾也。

两发则为肺。天庭为六阳之首，而萃五脏之精华，实为头面之主脑，不啻一身之座督矣。印堂者，阳明胃气之冲。天庭性起，机由此达。生发之气，由肾而达于六阳，实为天庭之枢机也。两目皆为肝，而究之上包为脾，下包为胃，大角为心经，小角为小肠，白则为肺，黑则为肝，瞳则为肾，实为五脏之精华所聚，而不得专谓之肝也。鼻孔为肺，两颐为肾，耳门之前为胆经，耳后之高骨，亦肾也。鼻为中央之土，万物资生之源，实中气之主也。人中为血气之会，上冲印堂，达于天庭，亦为至要之所。两唇之下为承浆，承浆之下为地阁，上与天庭相应，亦肾经位也。领顶颈项者，五脏之道途，气血之总会。前为食气出入之道，后为肾气升降之途。肝气由之而左旋，脾气由之而右旋。其系更重，而为周身之要领。两乳为肝，两肩为肺，两肘为肾，四肢为脾，两肩背膊皆为脾，而十指则为心、肝、脾、肺、肾是也。膝与胫皆肾也，两脚跟为肾之要，涌泉为肾穴。大约身之所系，心[②]者为心，窝者为肺，骨之露处皆为肾，筋之联处皆为肝，肉之厚处皆为脾。

象其意，心如猛虎，肝如箭，脾气力大甚无穷，肝经之位最灵变，肾气之动快如风。其为用也，用其经。举凡身之所属于某经者，终不能无意焉。是在当局者自为体认，而非笔墨所能为者也。至于生克制化，虽别有论，而究其要领，自有统会。五行百体，总为一元。四体三心，合为一气，奚必昭昭于某一经络，节节而为之哉?

注 释

①腐水：当为“肾水”之误。

②心：当为“凸”之误。

六要论

心与意合，意与气合，气与力合，内三合也。手与足合，肘与膝合，肩与胯合，外三合也。此为六合。左手与右足相合，左肘与右膝相合，左肩与右胯相合，右之与左亦然。以及头与手合，手与身合，身与步合，孰非外合？心与眼合，肝与筋合，脾与肉合，肺与身合，肾与骨合，孰非内合？岂但六合而已哉？然此特分而言之也，总之一动而无不动，一合而无不合，五行百骸，悉用其中矣。

七要论

头为六阳之首，而为周身之主，五官百骸，莫不惟此是赖，故头不可不进也。手为先行，根基在膊。膊不进，而手则却而不前矣，此所以膊贵于进也。气聚中脘，机关在腰。腰不进，而气则馁而不实矣，此所以腰贵于进也。意贯周身，运动在步。步不进，而意则堂然无能为矣，此所以步必取其进也。以及上左必须进右，上右必须进左，其为七进，孰非所以着力之地欤？而要之，未及其进，合周身而毫无关动之意；一言其进，统全体而俱无抽扯游移之形。

八要论

身法维何？纵、横、高、低、进、退、反、侧而已。纵则放其势，一往而不返；横则裹其力，开拓而莫阻；高则扬其身，而身若有增长之势；低则抑其身，而身若有攒捉之形；当进则进，殚其身而勇往直冲；当退则退，领其气而回转伏势；至于反身顾后，后即前也；侧顾左右，使左右无敢当我。而要非拘拘焉为之也。必先察人之强弱，运吾之机关。有忽纵而忽横，纵横因势而变迁，不可一概而推；有忽高而忽低，高低随时以转移，不可执格而论。时而宜进，故不可退而馁其气；时而宜退，即当以退而鼓其进。是进固进也，即退而亦实以赖其进。若返身顾后，顾其后而亦不觉其为后；侧顾左右，而左右亦不觉其为左右矣。

总之，机关在眼，变通在心，而握其要者，则本诸身。身而前，则四体不令而行矣；身而却，则百骸莫不冥然而处矣。身法顾可置而不论乎？

九要论

今夫五官百骸主于动，而实运以步。步乃一身之根基，运动之枢纽也。以故应战对敌，皆本诸身；而实所以为身之砥柱者，莫非步。随机应变在于手，而所以为手之转移者，亦在步。进退反侧，非步何以作鼓荡之机？抑扬伸缩，非步何以示变化之妙？所谓“机关者在眼，变化者在心”。而所以转弯抹角，千变万化，而不至于窘迫者，何莫非步为之司令欤？

而要非勉强以致之也。动作出于无心，鼓舞出于不觉。身欲动，而步亦为之周旋；手将动，而步亦早为之催逼。不期然而然，莫之驱而驱。所谓“上欲动而下自随之”者，其斯之谓欤？且步分前后，有定位者步也；然而无定位者，亦为步。如前步进焉，后步随焉，前后自有定位。若以前步作后，后步作前；更以前步作后之前步，后步作前之后步，则前后亦自然无定位矣。

总之，拳以论势，而握要者为步。活与不活，亦在于步；灵与不灵，亦在于步。步之为用大矣哉！

心意要诀①

捶名心意，心意者，意自心生，拳随意发。总要知已知人，随机应变；心气一发，四肢皆动。足起有地，膝起有数，动转有位；合膊望胯，三尖对照。心、意、气，内三相合。拳与足合，肘与膝合，肩与胯合，外三相合。手心、足心、本心，三心一气相合。

远不发手，捶打五尺以内、三尺以外。不论前后左右，一步一捶。发手以得人为准，以不见形为妙；发手快似风箭，响如雷崩。出没过象园，若生鸟入群笼之状；单敌，似巨炮推薄壁之势。骨节带势，踊跃直吞。

未曾交手，一气当先；既入其手，灵动为妙。见孔不打，见横打；见孔不立，见横立。上中下总气把定，身足手规矩绳束。既不望空起，亦不望空落。

精明灵巧，全在于活。能去能就，能柔能刚，能进能退。不动如山岳，难知如阴阳；无穷如天地，充实如太仓；浩渺如四海，炫曜如三光。察来势之机会，揣敌人之短长。静以待动有法，动以处静。借法容易上法难，还是上法最为先。交勇者不可思误，思误者寸步难行。起如箭攒落如风，隈催烹绝手搂手。皆合暗迷中，由路如闪电。

两边挒防，左右反背，如虎搜山。斩捶勇猛不可挡，斩梢迎面取中堂；抢上抢下势如虎，好似鹰鹞下鸡场。翻江倒海不须忙，丹凤朝阳才为强；云背日月天地交，武艺相争见短长。步路寸，开把尺，劈面就去；上右腿，进左步，此法前行。

进人要进身，身手齐到是为真；发中有绝何从用？解明其意妙如神。鹞子钻林麻着翅，鹰捉四平足存身；取胜四梢要聚齐，不胜必因合射心。计谋施运化，霹雳走精神；心毒称上策，手眼方胜人。

何谓闪，何谓进？进即闪，闪即进，不必远求；何谓打？何谓顾？顾即打，打即顾，发手便是。心如火药拳如子，灵机一动鸟难飞；身似弓弦手似箭，弦响鸟落见神奇。起手如闪电，闪电不及合眸；打人如迅雷，迅雷不及掩耳。

五道本是五道关，无人把守自遮栏。左腮手过，右腮手去；右腮手过去，左腮手来。两手束拳迎面出，五关之门关得严。拳从心内发，向鼻尖落；从足下起，足起快向心火作。五行金木水火土，火炎上而水就下；我有心肝脾肺肾，五行相推无错误。

注 释

① 原文无此标题，系由校注者补加。

交手法

占右进左，占左进右；发步时足根先着地，脚以十趾抓地。步要稳当，身要庄重，捶沉实而有骨力。去是撒手，着人成拳。用拳要卷紧，用把把有气。上下气要均停，出入以心为主宰，眼手足随之去。不贪、不歉，不即、不离；肘落肘窝，手落手窝。右足当先，膊尖向前，此是换步。拳从心发，以身力催手。手以心把，心以手把；进人进步，一步一锤。

一支动，百支俱随，发中有绝。一握浑身皆握，一伸浑身皆伸；伸要伸得进，握要握得根。如卷炮，卷得紧，崩得有力。不拘提打、按打、烘打、旋打、斩打、冲打、锛打、肘打、膊打、胯打、掌打、头打、进步打、退步打、顺步打、横步打以及前、后、左、右、上、下百般打法，皆要一气相随。

出手先占正门，此之谓巧。骨节要对，不对则无力。手把要灵，不灵则生变。发手要快，不快则迟误。举手要活，不活则不快。打手要跟，不跟则不济。存心要毒，不毒则不准。脚手要活，不活则担险。存心要精，不精则受愚。发作要鹰捉勇猛，外皮胆大；机要熟运，还勿畏惧迟疑。心小胆大，面善心恶。静似书生，动如雷发。

人之来势，亦当审察：脚踢头歪，拳打膊作；窄身进步，仗身起发；斜行换步，拦打倒身，抬腿伸发。脚指东顾，须防西杀，上虚下必实着。跪敲（此二字不可解，殆为诡敲之误）指不胜屈，灵机自揣摩。“手急打手慢”，俗言即是，其真的确。

起望落，落望起，起落要相随，身手齐到是为真。剪子股，望眉斩，加上反背，如虎搜山。三尺罗衣挂在无影树上。起手如闪电，打下如迅雷。雨行风，鹰捉兔，鹞钻林。鸡摸鹅，摸塌地。起手时，三心相对。不动如书生，动之如龙虎。

远不发手打，双手双心打。右来右迎，此为捷取。远了便上手，近了便加肘；远了便脚踢，近了便加膝；远近宜知。拳打踢，膀头歪，把势审人。

能叫一思进。有意莫带形，带形必不赢。捷取人法，审顾地形，拳打上风。手要急，足要轻，把势走动如猫行。心要正，目聚精，手足齐到定要赢。若是手到步不到，打人不得妙；手到步也到，打人如拔草。上打咽喉下打阴，左右两胁在中心；前打一丈不为远，近者只在一寸间。身动时如崩墙倒，脚落时如树栽根，手起如炮直冲。

身要如活蛇，击首则尾应，击尾则首应，击中节而首尾皆相应。打前要顾后，知进须知退。

心动快似马，肾动速如风。操演时面前如有人，交手时有人如无人。起前手，后手紧摧；起前脚，后脚紧跟。面前有手不见手，胸前有肘不见肘。如见空不打，见空不上；拳不打空起，亦不打空落。手起足要落，足落手要起。心要占先，意要胜人，身要攻人，步要过人。前腿似跏，后腿似忝（按：此字无此用，必讹）。首要仰起，胸要现起，腰要长起，丹田（按：即脐下小腹也）要运气；自顶至足，要一气相贯。胆战心寒，必不能取胜；未能察言观色者，必不能防人，必不能先动。先动为师，后动为弟。能叫一思进，莫教一思退。

三节要停，三尖要照，四梢要齐。明了三心多一力，明了三节多一方，明了四梢多一精，明了五行多一气。明了三节，不贪不歉，起落进退多变。三回九转是一势，总要一心为主宰。总乎五行，运乎二气。时时操演，勿误朝夕。“盘打时而勉强，工用久而自然。”诚哉是言，岂虚语哉?

按燕蓟形意，传自山右；而山右形意，传自中州。是则《形意拳谱》之散见于大河南北者，亦势使然也。惟是年久代远，漫无统系；而笔墨传抄，尤多讹错。原家十篇，亦不足尽形意武术之全豹。然谱书全部既不可得，则此片羽只鳞者，洵足宝已。余不敏，敢执此以为吾道贺！束鹿李剑秋。

定价三角　翻印必究

编辑者　束鹿　李剑秋
　　　　川沙　黄方刚
校订者　歙县　吴志青
　　　　上海　黄警顽
印刷所　商务印书馆
出版所　上海六合社
分售处　奉天　北京　天津　南京　上海各大书坊
总发行处　中华武术会

武术界之曙光　应用武术《中国新体操》 黄警顽介绍

是[①]书为本会[②]教务主任吴志青先生，本[③]其十余年之经验，采用国技[④]之动作，按体操之顺序编纂而成，既便[⑤]大队训练，尤合[⑥]学校教材，诚为普及体育、研究国技之唯一善本。已在第五届远东大会依式表演，获国内外之殊誉[⑦]，又在本会暑期体育学校亲自教授，学者咸于短促时间，尽得个中精髓，其价值可知。全书一册，插图数十幅。热心体育爱国学者，不可不人手一编。

《迭罗汉团体游戏合刊》

欲知此书，请读黄任之[⑧]先生题辞："吴君志青，编《小学教育游戏丛书》，其法多戛戛乎新造[⑨]。根据生理及儿童心理，兼求合[⑩]教育原理。民国十年五月，曾试演于上海远东运动会，颇得中外体育家、教育家之赞许。于是书出版[⑪]，弁此数言[⑫]，以为[⑬]介绍，愿吴君益致力于是，将为吾国今后无量数青年造福也。"

注　释

①是：此。

②本会：指上海"中华武术会"，民国五年（1916年）由吴志青等人创办。

③本：根据。

④国技：又称为"国术"，今通称为"武术"。

⑤便：方便，便于。

⑥合：适合。

⑦ 殊誉：特别的赞美。

⑧ 黄任之：黄炎培（1878—1965年），字任之，中国民主革命家，教育家。江苏川沙（今上海浦东新区）人。清末举人。1905年加入同盟会。辛亥革命后任江苏省教育司长、省教育会副会长。曾参加讨袁运动。1917年在上海创办中华职业教育社，任理事长。大力提倡职业教育。抗日战争时期，任国民参政会参政员，参与筹组中国民主政团同盟，为第一任主席。1945年7月访问延安，同年发起成立中国民主建国会。1949年出席全国政协第一届全体会议。后任中央人民政府委员、政务院副总理兼轻工业部部长、全国人大常委会副委员长、全国政协副主席、民建中央主任委员。遗著有诗集《红桑》等。

⑨ 戛戛乎新造：别出心裁，富有创造性。戛戛，费力的样子。有成语“戛戛独造”。

⑩ 合：符合。

⑪ 于是书出版：在此书出版之时。

⑫ 弁此数言：在书的前面加上这几句话。弁，放在最前面。

⑬ 以为：以此作为。

本会宗旨　发轩[①]道德　锻炼体魄　起衰振隳[②]　服务社会

本会设备　武备部—南北各派技击　剑术科　率角科　棍术科
　　　　　运动部—网球　篮球　手球　垒球　□球　□球
　　　　　兵操部—徒手　枪操　田径赛　器械　劈刺术
　　　　　童子军—社会童子军
　　　　　游艺部—乒乓　射箭　投壶　音乐　演讲　围棋
　　　　　　　　　象棋　西棋
　　　　　美育部—摄影　临池　图画
　　　　　图书部—阅报室　□书室

▲特设　星期体操班（非会员概不取费）
　　　　武术小学校
　　　　暑期体育学校（男女兼收）另备详章
▲欲知详细章程请向本会索阅
▲欲知会务情形请阅武术月报
上海小西门外□□街利□□西首

按：原书油墨挥发将尽，扫描后更无以复察，望读者见谅。

注　释

①发轩：发扬。

②起衰振隳：让衰弱的人站立起来，让毁坏的事振兴起来。

人文武术精品书系

北京科学技术出版社

武学名家典籍丛书

杨澄甫武学辑注　　定价：178 元
杨澄甫　著　邵奇青　校注
《太极拳使用法》
《太极拳体用全书》

孙禄堂武学集注　　定价：288 元
孙禄堂　著　孙婉容　校注
《形意拳学》　《八卦拳学》
《太极拳学》　《八卦剑学》
《拳意述真》

陈微明武学辑注　　定价：218 元
陈微明　著　二水居士　校注
《太极拳术》　《太极剑》
《太极答问》

薛颠武学辑注　　定价：358 元
薛　颠　著　王银辉　校注
《形意拳术讲义上编》
《形意拳术讲义下编》
《象形拳法真诠》
《灵空禅师点穴秘诀》

陈鑫陈氏太极拳图说（配光盘）
定价：358 元
陈　鑫　著
陈东山　陈晓龙　陈向武　校注

李存义武学辑注　　定价：268 元
李存义　著　阎伯群　李洪钟　校注
《岳氏意拳五行精义》
《岳氏意拳十二形精义》
《三十六剑谱》

董英杰太极拳释义　　定价：98 元
董英杰　著　杨志英　校注

刘殿琛形意拳术抉微　定价：80 元
刘殿琛　著　王银辉　校注

许禹生武学辑注
许禹生　著　唐才良　校注
《太极拳势图解》《陈氏太极拳第五路并少林十二式》

张占魁形意武术教科书
张占魁　著　吴占良　王银辉　校注

靳云亭武学辑注
靳云亭　著　王银辉　校注
《形意拳图说》《形意拳谱五纲七言论》

李剑秋形意拳术　　定价：89 元
李剑秋　著　王银辉　校注

武学古籍新注丛书

王宗岳太极拳论　　定价：50 元
李亦畬　著　二水居士　校注

太极功源流支派论　　定价：68 元
宋书铭　著　二水居士　校注

太极法说　　　　　　定价：65 元
二水居士　校注

手战之道　　　　　　定价：65 元
赵　晔　沈一贯　唐顺之　何良臣
戚继光　黄百家　黄宗羲　著
王小兵　校注

百家功夫丛书

张策传杨班侯太极拳 108 式
（配光盘）　　　　定价：48 元
张　喆　著　韩宝顺　整理

河南心意六合拳
（配光盘）　　　　定价：79 元
李洳波　李建鹏　著

形意八卦拳　　　　定价：48 元
贯保寿　著　武大伟　整理

王映海传戴氏心意拳精要（配光盘）
定价：198 元
王映海　口述　王喜成　主编

张鸿庆传形意拳练用法释秘
定价：69 元
邵义会　著

华岳心意六合八法拳
定价：65 元
张长信　著

戴氏心意拳功理秘技
王　毅　编著

传统吴氏太极拳入门诀要
张全亮　著

程有龙传震卦八卦掌
奎恩凤　著

刘晚苍传内家功夫及手抄老谱
刘晚苍　刘光鼎　刘培俊　著

尚济形意拳练法打法实践
马保国　马晓阳　著

民间武学藏本丛书

守洞尘技　崔虎刚　校注

通臂拳　崔虎刚　校注

心一拳术　李泰慧　著　崔虎刚　校注

少林论郭氏八翻拳　崔虎刚　校注

少林秘诀　崔虎刚　校注

少林拳法总论　崔虎刚　校注

六合拳谱　崔虎刚　校注

单打粗论　崔虎刚　校注

母子拳　崔虎刚　校注

拳谱志三　崔虎刚　校注

拳法总论　崔虎刚　校注

绘像罗汉短打变式　崔虎刚　校注

绘像罗汉短打通式　崔虎刚　校注

计艺外丹　崔虎刚　校注

香木神通　崔虎刚　校注

老谱辨析点评丛书

再读浑元剑经　马国兴　著

再读王宗岳太极拳论　马国兴　著

太极拳近代经典拳谱探释　魏坤梁　著

再读杨式老谱　马国兴　著

再读陈氏老谱　马国兴　著

拳道薪传丛书

三爷刘晚苍——刘晚苍武功传习录

定价：54 元

刘源正　季培刚　编著

慰苍先生金仁霖——太极传心录　金仁霖　著

习武见闻与体悟　陈惠良　著

中道皇皇——梅墨生太极理念与心法　梅墨生　著

乐传太极与行功

乐　奂　原著　钟海明　马若愚　编著

民国武林档案丛书

太极往事　季培刚　著

图书在版编目（CIP）数据

李剑秋形意拳术 / 李剑秋著；王银辉校注．-- 北京：北京科学技术出版社，2017.9
（武学名家典籍丛书）
ISBN 978-7-5304-8925-3

Ⅰ．①李… Ⅱ．①李… ②王… Ⅲ．①形意拳—基本知识 Ⅳ．① G852.14

中国版本图书馆 CIP 数据核字（2017）第 040783 号

李剑秋形意拳术

作　　者：李剑秋
版本提供：王占伟　涂荣康
校 注 者：王银辉
策划编辑：王跃平
责任编辑：胡志华
责任校对：贾　荣
责任印制：张　良
封面设计：张永文
封面制作：木　易
版式设计：王跃平
出 版 人：曾庆宇
出版发行：北京科学技术出版社
社　　址：北京西直门南大街 16 号
邮政编码：100035
电话传真：0086-10-66135495（总编室）
0086-10-66113227（发行部）　0086-10-66161952（发行部传真）
电子信箱：bjkj@bjkjpress.com
网　　址：www.bkydw.cn
经　　销：新华书店
印　　刷：保定市中画美凯印刷有限公司
开　　本：787mm × 1092mm　1/16
字　　数：150 千字
印　　张：21.25
插　　页：4
版　　次：2017 年 9 月第 1 版
印　　次：2017 年 9 月第 1 次印刷
ISBN 978-7-5304-8925-3 / G·2627
定　　价：89.00 元